MARY LOUs
PONYCLUB

MARY LOUs PONYCLUB

Eine Kinderreitschule nach Moshe Feldenkrais
von Marie-Luise von der Sode

CADMOS PFERDEBÜCHER

Gestaltung: Ravenstein + Partner, Verden

Innenfotos: Tatjana Prawitz

Zeichnungen: Esther von Hacht, Kristina Krumm

Druck: Westermann Druck, Zwickau

Printed in Germany.

ISBN 3-86127-378-0

INHALT

VORWORT

Sicherlich, das Buch scheint sich in erster Linie an Kinder und Jugendliche zu wenden. Dabei sollte es vor allem in der Jackentasche all derer stecken die diesen das Reiten und den Umgang mit diesen wunderbaren Pferden und Ponys beibringen, näher bringen möchten. Denn sie sind es, die den Grundstock für das künftige Reiterleben legen, den Weg weisen, in welche Richtung es geht.

Marie-Luise von der Sode erreicht mit ihrer Arbeit ja nicht nur die Kinder ihres Ponyclubs, sondern durch ihr Institut für Ausbildung Feldenkrais und Reiten auch viele Reitlehrer jeder Sparte, Heilpädagogen und schlicht Erwachsene, die auf der Suche nach einem anderen Umgang mit sich und dem Pferd sind.

Statt eines Vorwortes sollen einige von ihnen hier zu Wort kommen:

„Wie schön, dass es eine neue Kinderreitschule gibt. Ich freue mich ganz besonders, dass die Informationen über kreatives, kindgerechtes Reiten sowie über die Ausbildung zur feinen Hand und zum offenen Sitz damit einem breiteren Publikum zugänglich gemacht werden. Aufgrund des detaillierten und fundierten Aufbaus ist das Buch auch eine hervorragende Grundlage für meinen theoretischen Unterricht."
Andrea Schiller,
Freizeitreiten nach klassischen Grundsätzen, Western-Basisausbildung, Feldenkrais und Reiten

„Ich reite feldenkraisisch klassisch-barock. Durch meine Ausbildung bei Marie-Luise haben sich reiterliche Welten geöffnet. Ich fühle mich auf meinem Pferd wohl, kann experimentieren und zu Ergebnissen kommen, von denen ich nur geträumt habe. Mein Wunsch war es, Zick-Zack-Traversalen reiten zu können. Heute wünsche ich mir Einer-Wechsel. Feldenkrais und Reiten vermittelt meinen Kindern Autonomie, Kompetenz und Bezogenheit, aus der ein Wohlfühlen entsteht. Sie können in Verbundenheit mit dem Pferd und anderen Menschen treten. Jedes Kind bleibt in seinen Möglichkeiten und wird nicht in eine Jacke gezwängt, die ihm nicht passt."
Christine Butzke
Der Uhlenhof – Heilpädagogisches Reiten nach Feldenkrais

„Gute Sonderpädagogik zeichnet sich durch warmherzigen, einfallsreichen, umsichtigen und individuellen Umgang mit den Kindern und der aktuellen Situation aus. Dieses Buch setzt genau an dieser Stelle an und ist hiermit eine wirkliche Bereicherung für die heilpädagogische Arbeit mit Kindern und Pferden."
Sonderschulleiterin A. Hipp
Reiten in der Förderschule

„Endlich eine Kinderreitlehre, die wir den vielen Interessierten, die bei uns auf der Insel Urlaub machen, empfehlen können. Nach der Reitlehre sowie der Ausbildung von Feldenkrais und Reiten bei Dir konnten wir unsere zwölf Schulpferde, die wir im Laufe von anderthalb Jahren dazu kauften, in wenigen Wochen auf interessierte und brave Reitarbeit umstellen und die Trainingskonzepte reichhaltig erweitern."
Bettina Sönksen-Volquardsen
Ponyclub Erdbeerparadies Sylt

„Kinder, die nach dieser Reitlehre mit dem Reiten beginnen, lernen auf ihr Pony einzugehen, es als individuellen Partner zu erleben. Nicht nur Kinder, sondern auch Späteinsteiger lernen so die Bewegungen des Pferdes und des eigenen Körpers besser in Einklang zu bringen und das mit Freude und ohne Stress."
Petra Blechmann
Trainer C, FN

Eine gute Reitlehre für Kinder, weil sie unterstützt, dass das vom Reitlehrer gut eingestellte Pferd rhytmisch und druckvoll nach vorne galoppiert werden darf, während die jugendlichen Reiter einüben, sich nicht am Zügel festzuhalten oder mit den Beinen am Pferd zu klammern.
Hans Dieter Meurer
Reitlehrer FN

Ganz kurz mal – bevor ihr aufsteigt ...

Als ich Marie-Luise von der Sode das erste Mal in ihrem Ponyclub besucht habe, hat es mir die Sprache verschlagen – und das soll was heißen. Ich war völlig fassungslos, so viele lustige Ponygesichter (über 20 !) auf einem Haufen zu sehen, die allesamt mit so fröhlichen Augen in die Welt hineinschauten. Ich war im Nachhinein eifersüchtig auf diese Kinder, die um mich und über, neben und unter den Ponys herumwuselten und die all das mit den Ponys machen durften, ja sogar sollten, wonach ich mich in meiner ganzen Kindheit gesehnt habe. Denn ich selbst habe vor 35 Jahren in einem ganz normalen Reitverein reiten gelernt – oder das, was die Reitlehrer darunter verstanden: Auf großen Schulpferden, fast immer in der Bahn oder Halle, oft mit Hilfszügeln. Ich hatte immer ein wenig Angst, das Reiten war mir unheimlich und ich hatte immer diese Ahnung, dass es so dem Pferd auch nicht so viel Spaß machen konnte. Einzig Ferien auf den Ponyhöfen, die ich meinen Eltern mit guten Noten abpresste, konnte man mal mit den Ponys einfach nur sein. Auf ihnen beim Weiden schlafen, sie nur putzen, sie beobachten, völlig zwecklos die Zeit mit ihnen teilen – sie einfach lieb haben und ihrem Wesen näher kommen.

Es gibt ganz viele verschiedene Möglichkeiten, wie man Pferde halten, mit ihnen umgehen und sie reiten kann. Vielleicht besitzt ihr selbst ein Pony und versorgt es eigenständig am Haus oder gemeinsam mit anderen in einer Stallgemeinschaft. Vielleicht reiten eure Eltern und ihr dürft mitmachen. Dann könnt ihr das, was in diesem Buch beschrieben wird, ganz leicht nachmachen oder Ideen umsetzen. Vielleicht macht ihr regelmäßig Kuren oder Ferien, in denen ihr reiten könnt. Da sind die Erwachsenen auch oft froh, wenn ihr mit neuen und eigenen Ideen kommt. Oder ihr habt das Glück in so einem Reitverein reiten zu lernen, wo die Lehrer eine sehr gute Ausbildung hatten und viel Verständnis für die Pferde und ihr Verhalten haben. Diese achten darauf, dass auch alle Spaß beim Reiten haben. Wichtig ist, dass dann, wenn ihr mit den Pferden arbeitet und ihr beide Neues lernt, immer ein Erwachsener dabei ist, der etwas vom Reiten versteht und euch helfen kann.

In sehr vielen Reitschulen sieht es leider oft ganz anders aus. Da sind so viele Kinder, die alle auf ‚eurem' Pferd reiten wollen. Die Ponys müssen Geld verdienen. Und der Reitlehrer hat oftmals keine Lust, anderes auszuprobieren als seine alt eingefahrenen Methoden. Mit ganz viel Glück bekommt ihr ein Privatpferd als Pflegepferd – und dann weiß der Besitzer (der natürlich meistens viiiieel schlechter reitet als ihr, so war es zumindest bei mir damals ...) alles besser. Mit noch mehr Glück habt ihr ein eigenes Pferd oder ein halbes. Und auch dann ist es oft schwierig, das Richtige zu machen. Von dem, was Mary-Lou da in ihrem Ponyclub treibt, seid ihr vielleicht meilenweit entfernt.

Doch wenn ihr diese Pferde und Ponys wirklich lieb habt, dann sagt euch euer Herz und Bauch schon das Richtige. So, wie Mary-Lou es in diesem Buch versucht.

Vieles mag euch fremd erscheinen, unverständlich. Einiges vielleicht sogar gefährlich. Aber ihr dürft nicht vergessen, dass die Pferde dort bei Mary-Lou ein sehr ausgeglichenes, glückliches Leben führen, so wie sie es als Pferde mögen. Sie haben die Menschen als Freunde und freuen sich darauf, etwas mit ihnen gemeinsam zu machen. Denn Pferde mögen Menschen, wenn sie gut zu ihnen sind. Sie sind gerne mit ihnen zusammen, weil das fast immer mit Spaß und Abwechslung verbunden ist. Pferde, die in Reitschulen den ganzen Tag nur in Boxen stehen, nur zum Reiten in die Halle kommen oder beim Reiten Schmerzen haben, die wehren sich auch oft gegen den Menschen. Und dann wird Reiten gefährlich. Mary-Lou bringt ihren Kindern und Tieren bei, sich zu verstehen und gegenseitig gut füreinander zu sorgen. Das ist immer die Grundlage dieses Buches.

Und das ist etwas, was ihr so kaum in eurer eigenen Reiterwelt finden werdet. Da gibt es immer wieder harte Reitlehrer, schlechte Verhältnisse für die Pferde. Jetzt könntet ihr natürlich hoffnungslos aufgeben, dieses Buch gleich wieder zuschlagen. Aber das bringt noch weniger. Jeder kleine Schritt in die richtige Richtung ist gut. Und auch wenn ihr euren Reitunterricht nicht so gestalten könnt, wie Mary-Lou es vorschlägt, wenn ihr die Pferde nicht aus den Boxen auf die Weide zu anderen Pferdefreunden stellen könnt, selbst wenn der Reitlehrer euch andere Hilfen befiehlt – das, was ihr fühlt, das kann euch keiner vorschreiben. Und Mary-Lou versucht, euch eine ganz bestimmte Technik des „Fühlens", der so genannten Körperwahrnehmung näher zu bringen: die Feldenkrais-Lehre. Moshe Feldenkrais (1904-1984) war ein kluger Mann (Atomphysiker, Philosoph) und berühmter Judomeister. Die meisten bringen uns etwas Neues, eine neue Bewegung bei, indem sie den Kopf ansprechen wir über das Denken verstehen sollen. Moshe Feldenkrais drehte das Ganze um: Bei ihm bringt der Körper, die Bewegung dem Kopf etwas bei. Dadurch verkrampft man nicht, und der Körper findet in seine richtige Lage, die ihm gut tut und mit der er sich perfekt bewegen kann. Das gilt auch für das Reitgefühl. Einige seiner Schüler haben Berührungen entwickelt, die jede einzelne Zelle des Körpers in Schwingungen bringt. Und Marie-Luise von der Sode kann all diese Techniken. Sie vermitteln auch eine große Achtung vor und Liebe zu den Lebewesen. Manchmal liest das sich komisch, da es eben versucht, die harten mechanischen Bewegungen aufzubrechen und euch euren Körper, das, was mit ihm passiert, bewusster, deutlicher zu machen. Doch lest es einfach noch mal und versucht die Wörter wirklich wörtlich zu nehmen, übersetzt sie in Bilder, in Bewegungen. Einige Begriffe muss man nur genau ansehen, dann sind sie unheimlich zutreffend. Macht euch die Mühe – es lohnt sich.

Auch wenn ihr sicherlich bei weitem nicht diese tollen Möglichkeiten habt wie die Kinder von Mary-Lous Ponyclub: Versucht so viel wie möglich für euch umzusetzen. Sucht nach besseren Wegen. Denn das, was ihr aus diesem Buch lernen könnt, ist, wie ihr die Zuneigung und Liebe zu dem Pferd und Freude am Miteinandersein so umsetzen könnt, dass das Pferd euch versteht und eine Chance hat, seine Gefühle zurückzugeben. Und ihr könnt die Grundlage lernen, um wirklich feine, fühlende Reiter zu werden, die ein Pferd gerne auf seinem Rücken trägt.

Daniela Bolze
(Journalistin/Regisseurin, die selbst mit sechs Ponys „hinterm Haus" lebt)

Vor dem ersten Aufsitzen steht meistens der Gedanke: Du hast schon immer von Pferden geträumt.

Das erste Aufsitzen

HOPP RAUF!

Vor dem ersten Aufsitzen steht meistens ein Gedanke oder eine Geschichte: Du hast schon immer von Pferden geträumt! Oder: du weißt genau, dass du ein Reiter sein willst! Deine Freundin reitet und du möchtest mit ihr Spaß haben. Deine Eltern reiten und möchten mit dir gemeinsam schöne Stunden erleben. Dein Kinderarzt hat gesagt, dass Reiten gut für dich ist, zum Beispiel weil du unruhig bist, Ängste hast, schlecht schläfst oder einen trägen oder blassen Eindruck machst.

Die Aufsitzmethode des Rennreiters, im Volksmund Räuberleiter genannt, kannst du von beiden Seiten aus einüben.

Es gibt viele Gründe, zum Reiten zu kommen. Ich persönlich erledige das Schwierige gleich am Anfang. Wenn du sagst: „Ich möchte rauf" oder „Kann ich nicht mal reiten?", dann sage ich als Reitlehrerin: „Jawohl, hopp rauf!"

Bei den ersten Reitversuchen ist es besonders wichtig, dass das Pferd artig und ruhig neben uns steht. Und: Ich helfe dir hinauf! Der Trick dazu ist die Aufsitzmethode des Rennreiters. Im Volksmund nennen wir das „die Räuberleiter". Der Rennreiter wird immer auf sein Pferd gehoben. Das Pferd ist aufgeregt und unruhig – schon im Rennfieber. Und die Steigbügel sind viel zu kurz. Die Idee von Helfer, Pferd und Jockey ist es, ein Rennen zu gewinnen. Alles andere ist unwichtig und wird unauffällig gehandhabt.

Auch du hast Ziele. Du möchtest dich auf dem Pferd erleben, Dich wohl fühlen. Ich suche ein Pferd aus, das gewissermaßen ohne Worte sagt: „Na ja, den lass mal rauf." Diese Bereitschaft drückt es

Richte dich nach dem ersten Aufsitzen gemütlich auf deinem Pferd ein, entspanne dich, schaue in die Welt...

durch seine Körpersprache aus. Sein Auge guckt ruhig und freundlich und seine Ohren drehen sich immer wieder sachte in deine Richtung. Es steht ruhig da und macht einen gelassenen, interessierten Eindruck. Dabei geht sein Atem gleichmäßig.

Du sagst: „Ja, ich will!" Dann traust du dich, an das Pferd heranzutreten, beide Hände hochzuheben und auf die Mähne des Pferdes oder an seinen Hals zu legen. Du stehst so zum Pferd, dass Mähne und Widerrist vor dir sind. Winkele dann

deinen linken Fuß und Unterschenkel nach hinten hoch. Lass deine Knie immer nebeneinander. Mach dich lang im Hals und lang und breit im Rücken, denke: „Hoch! Hoch! Und hoch!" und atme dabei aus. Der Helfer fasst mit der linken Hand an den linken Zügel des Pferdes oder mit zwei Fingern in das linke Backenstück. Mit der rechten Hand fasst er unterhalb von deiner Kniescheibe an dein Schienbein. Er atmet aus und hebt dich hoch. Das ist ganz einfach und ganz bequem für das Pferd. Ein ganz kleiner Mensch kann einen ganz großen mit dieser Hebelwirkung hochheben. Versuche erst, dein rechtes Bein über den Rücken des Pferdes zu heben, wenn du weit oben bist. Viele Reiter versuchen viel zu früh mit dem Bein herüberzukommen und werden durch das Gezappel instabil. Damit du nicht einfach auf den Pferderücken plumpst, kannst Du dich ein wenig mit den Armen abstützen. Dann sitzt du oben.

Die Fotos und Zeichnungen auf Seite 12 zeigen dir, wo du praktischerweise am Pferd stehen solltest und wie das Ganze aussieht. Beim Reiten herrscht die Tradition vor, alles am Pferd von der linken Seite aus zu machen. Das ist praktisch für den, der nach dir kommt, denn alles ist von links aus eingestellt. Unpraktisch ist es für die Raumwahrnehmung (zu spüren, wo man selbst, sein Körper sich befindet, wie er sich anfühlt) von dir und deinem Pferd. Ihr werdet einseitig. Trau' dich also, alles spiegelverkehrt von beiden Seiten aus zu lernen. Sei körperbewusst und modern.

Jetzt sitzt du oben und du kannst dich freuen, und dein Pferd auch. Ihr könnt beide den Schwalben zuschauen, die durch euren Stall fliegen, oder den anderen Pferden, die auf der Weide spielen. Vielleicht redet ihr ein bisschen miteinander – du und deine Reitlehrerin oder du und die anderen Kinder. Vielleicht lauschst und horchst du auch nur in die Welt hinein. Immer nett ist es, etwas Freundliches zum Pferd zu sagen, etwa: „Ich finde dich so schön, Nancy Marie, du bist aber groß!" So steht ihr also eine Weile herum und geht alle nett miteinander um.

Diese Episode des „Hopp, rauf!" kann fünf Minuten dauern, 30 Minuten, oder du machst es eine Woche lang täglich. Wie lange es dauert, hängt davon ab, ob du eine Höhen- oder Fallangst überwinden musst. Gib dir dafür alle Zeit der Welt. Lass dir Zeit, dich auf dem Pferd wohl zu fühlen, tief durchzuatmen, wirklich die Umgebung zu sehen und wirklich den Reitlehrer, das Pferd und die Umgebung zu hören.

Mit dem Aufsitztrick des Rennreiters kannst du auf jedes Pferd gehoben werden. Alle Pferde finden diese Aufsitzmethode angenehm.

Deine Aufgabe ist es,

- Bescheid zu sagen, wenn du aufsitzen möchtest
- dich in die richtige Position am Pferd zu stellen
- dich auf dem haltenden Pferd bequem einzurichten
- freundlich zu deinem Pferd zu sein, denn wir reiten mit dem Herz für Pferde.

Ein erfahrener Reiter kann dein Pferd als Handpferd nehmen, wenn der Gedanke kommt: „Ich will schneller!"

Die erste Reitstunde

ICH WILL SCHNELLER

Nach dem ersten Aufsitzen hast du vielleicht das Gefühl, dass du genauso gut gleich wieder absitzen könntest und – es reicht für heute! Das ist richtig, korrekt, okay – und trotzdem kann aus dir ein hervorragender Reiter werden. Lass dir also nichts anderes einreden. Denn irgendwann kommt dieses Gefühl: „Ich will schneller!" Du merkst es selbst, ab wann du für die erste Reitstunde fit bist. Dann, wenn du anfängst umherzuschauen, während du ruhig auf dem Pferd sitzt. Wenn du beginnst, es zu streicheln. Wenn du anfängst, dich zu bewegen, nach hinten zu schauen, Fragen zu stellen.

An deiner Stimmlage kannst du erkennen, ob du Atem hast oder ihn vor Anspannung festhältst. Ob du anfängst, dich wohl zu fühlen. Das Pferd soll sich mit dem Reiter wohl fühlen und jeder Reiter soll sich mit dem Pferd oder Pony wohl fühlen. Sonst stimmt es zwischen euch nicht – und erst wenn es stimmt, dann geht es los.

Geführt bist du am sichersten und kannst dich im Grundtempo einrichten: Milena führt Romina auf Joy.

Wie fängst du am besten an?

Ich halte sehr viel davon, dass du geführt wirst, dass das Pferd hinter einem anderen Pferd auf einer Ovalbahn her geschickt wird oder dass ein erfahrener Reiter dein Pferd oder Pony als Handpferd nimmt.

Denn am angeleinten Pferd brauchst du dich nicht um die *Lenkung* zu kümmern, nicht um die *Bremse* oder um den *Startknopf*. In der Fachsprache würde das heißen: du brauchst keine *Wendung einzuleiten*. Du brauchst nicht *durchzuparieren* oder *vortreibende* beziehungsweise *seitwärts treibende Hilfen* einzusetzen. Diese Aufgaben kommen erst auf dich zu, wenn du sicher sitzt.

Vor allem bist du viel sicherer, da das geführte Pferd natürlich unter einer besseren Kontrolle ist als das vom Reitlehrer frei angewiesene Pferd. Vor allen Dingen aber fühlt sich dieses Pferd auch besser, weil es klare Ansagen bekommt. Die kannst du am Anfang natürlich noch nicht geben – aber bald.

Das Pferd soll sich unter dir auch wohl fühlen. Du kannst dich erst dann einen Reiter nennen, wenn du ein Pferd reitest, trainierst oder besitzt, dem es auch rundum gut geht – mit und ohne Reiter.

Wesentlich dafür ist das Reiten im Grundtempo, das natürliche frische Tempo des Pferdes vom ersten Tag an, vom ersten Schritt an. Das professionell geführte und angeleitete Pferd kann gleich ins Grundtempo geschickt werden. Ein Pferd mit einem verhaltenen, zögernden Gang kann dir nicht das Reitgefühl vermitteln, das du nachher brauchst, um frisch, schwungvoll und ausdrucksstark zu reiten.

Diese Fähigkeit wird schon in der allerersten Reitstunde in dir angelegt: dein realistisches, pfer-

Romina und Joy führen Milena.

Karen und Sascha – heiter und entspannt

degerechtes Reitgefühl. Also so, wie Du später immer wieder meinst, wie sich Reiten anfühlen soll.

Das Grundtempo ist dasjenige, in dem sich das Pferd heute mit (und ohne) Sattel und Reiter rhythmisch, locker und leise, dabei balanciert und zufrieden bewegt. Dieses Tempo willst du fühlen, dieses Tempo willst du reiten – das ist das Spüren von Bewegung, das der Reiter braucht.

Reite also kurze Reprisen (das sind von der Strecke und Zeit her kurze Einheiten. Also nicht Runde um Runde in der Bahn) – im Grundtempo frisch voran. Wenn du dich unsicher fühlst, verschmerzt oder steif, bitte deinen Reitlehrer um eine Pause im Schritt oder im Halten. Setze dich bequem hin. Finde deine neue Kraft und Motivation. Wenn du dann so weit bist, kannst du deine Begleitperson erneut bitten, das Pferd antreten zu lassen.

Ausrüstung des Pferdes

Wie sollte die Ausstattung des Pferdes in der ersten Reitstunde aussehen? Es könnte aufgehalftert oder aufgetrenst sein, mit zwei Stricken oder Zügeln, die zum Reiter hin auf dem Hals des Pferdes liegen. Ich persönlich lege dem Pferd einen Steigbügelriemen als Halsriemen um. Er sollte so lang geschnallt sein, dass der Reiter sich mit jeweils zwei Fingern dort einhaken kann, während er seine Hand rechts und links vom Widerrist aufsetzt. Genauso kannst du auch einen Strang von der Mähne greifen, um dir einen stabilen Halt zu verschaffen. Das tut dem Pferd nicht weh und erzieht dich dazu, gleichzeitig deine Reiterhände nach vorn zum Pferd hin zu fühlen und die richtige Position zu finden. So wird sie nachher gebraucht. Häufig neigt der Anfänger dazu, die Hände rückwärts zu nehmen, zum Oberschenkel oder zum Bauch hin. Wenn du das tust, fühlt dein Pferd sich festgehalten. Es traut sich nicht mehr weiterzulaufen, weil deine Hand nach hinten zieht und damit das Gebiss in seinem Maul wehtun kann. Deswegen finde ich es besser, wenn du in den ersten Reitstunden auf deinem Pony oder Pferd geführt oder als Handpferd genommen wirst. Dann kannst du dich ganz auf deinen Sitz konzentrieren und musst nicht noch auf die Richtung und das Tempo des Pferdes achten. Du kannst mit oder ohne Sattel reiten, die Steigbügel überschlagen oder benutzen, das ist egal.

Aufgezäumt ist dein Pferd mit Trense, Lindel, Kappzaum oder Halfter. Dazu ist in den Trensen- oder Halfterring eine Führleine mit einem kleinen Karabiner eingeschnallt. Zwei Führleinen oder ein Paar Zügel führen nach oben zum Reiter hin.

Ich mag es nicht, wenn das Pferd oder Pony in den ersten Reitwochen festgestellt ausgebunden ist (Halsverlängerer, Stoßzügel, Dreieckszügel, Gogue, Chambon und Ähnliches). Wenn es sich erschrekkt, kann es dann nicht mit dem Kopf nach vorn und sich mit seinem Hals und freien Genick ausbalancieren. Aber für die eigene Sicherheit, um Stürze und Buckeln zu vermeiden, muss sich das Pferd selbst ausbalancieren können! Das ist ganz wichtig!

In seltenen Fällen nehme ich als Ausstattung des Pferdes oder Ponys in der ersten Reitstunde eine Voltigierdecke und einen Voltigiergurt (mit Lammfellschoner für die Schonung vom Pferdebauch). Der Voltigiergurt gibt sehr viel Halt. Er lehnt jedoch den Reiter rückwärts hinter die Bewegung des Pferdes. Der Reiter neigt dann dazu, mit den Händen zu fest zu schließen oder die Fäuste zu verkrampfen.

Ideal ist der Voltigiergurt in den ersten Reitstunden für kleine Kinder unter sechs Jahren. Denn ihre Beine sind meist noch nicht lang genug, um sich seitlich an das Pferd zu schmiegen, für den so genannten Schenkelschluss. Außerdem ist der Körper oft noch kindlich weich und kann den Fliehkräften, die durch die Bewegung des Pferdes entstehen, keine gute Körperspannung entgegensetzen. Der Weg, vom Pferd zu plumpsen, ist mit Voltigiergurt länger und weiter. Daher eignet sich die erste Reitstunde mit Voltigiergurt auch für besonders ängstliche Menschen: Reiten als Therapie mit der Angst und gegen die Angst.

Bei allen anderen Erst-Reitern ist es besser, den Grundsitz ohne Voltigiergurt einzuführen, da er nachher stimmig und korrekt ist. Wer mehr Ruhe braucht, sich einzurichten, bekommt mehr Zeit auf dem haltenden Pferd.

Sitzübungen an der Longe empfehle ich zu einem späteren Zeitpunkt, weil es schwierig ist, immer im Kreis zu reiten

In vielen Reitschulen ist es üblich, die erste Reitstunde an der sechs bis acht Meter langen Longe zu geben. Dabei braucht der Reitlehrer nicht zu laufen oder neben dem Anfänger herzureiten. Das ist ein Vorteil. Das Pferd kann ruhig und gleichmäßig eingestellt und eingerichtet werden – so soll es sein! Der Nachteil liegt darin, dass eine solche erste Reitstunde leicht eintönig wird, immer nur im Kreis herum. Auch können sehr viele Menschen bei einer so engen Wendung mit den Fliehkräften des Kreises nicht umgehen. Denn je enger der Kreis ist, je schneller das Tempo, desto mehr werdet ihr auf dem in sich auch noch gebogenen Pferd nach außen gedrückt. Du wirst aus der Bewegung herausgesetzt. Es kann sein, dass weder du noch dein Reitlehrer das bemerken. Mit Sicherheit jedoch euer Pferd. Wenn du erst einmal nach außen auf den Pferderücken gesetzt wirst, bist du nicht stabil und nicht im Einklang mit dem Pferd. Dein Körper kann mit geraden Linien oder großen Linienführungen viel besser umgehen, die Bewegungen des Pferdes besser in seine eigenen übernehmen. Du kannst diese dann mit deinen Sinnen viel leichter verarbeiten. Das nennt man Körperwahrnehmung.

Später, wenn der Reiter schon weiter ist, sind Sitzübungen an der Longe von unschätzbarem Wert.

Ausrüstung des Reiters

Wie soll deine Ausstattung aussehen – die Reitkleidung in den ersten Reitstunden und später?

Es gibt da die verzichtbaren und die unverzichtbaren Dinge. Zu den unverzichtbaren Dingen gehören gute Schuhe. Sie sollen verhindern, dass dein Fuß gequetscht wird oder bricht, wenn dein Pferd dir auf die Füße tritt. Außerdem kannst du mit einem Reitschuh nicht so leicht durch die Steigbügel rutschen, und dein Fuß hat mehr Halt im Schuh, steht fester im Bügel.

Auf deinem Kopf ist, mit einem Kinnschutz versehen, eine der DIN-Norm entsprechende feste Sturzkappe. Heutzutage gibt es diese in vielen schicken Variationen. Das war's mit deiner Erstausstattung. Alles andere ist Mode, Trend, Sitte und Erwartung anderer. Deinem Pferd oder Pony ist es wurscht, ob du einen Reitanzug anhast oder robuste bequeme Alltagskleidung.

Nach und nach, wenn du ein erfahrener Reiter sein wirst, schaffst du dir eine bequeme Reithose an und vielleicht sogar ein Reitjacket. Beim Dressur- oder Springreiten unterstützen dann lange bequeme Reitstiefel deine schon gelernte gute Beinlage. Und für das Reiten draußen gibt es wundervolle Thermokleidung. Wichtig ist, dass dich deine Reitsachen nirgendwo einschnüren oder drücken, so dass du dich nicht wund reitest.

Du und das Pferd

Entscheidend dafür, welches Pferd oder Pony dir zugeteilt wird und wie es mit dir läuft, ist deine Stimmung. Die hängt von deiner allgemeinen Grundhaltung ab. Die erbst du oder lernst sie mit den Jahren. Und sie ist von deiner Tagesform abhängig. Einige sind einfach ängstlicher bei allem was sie tun, vorsichtiger, andere eher draufgängerisch, furchtlos und oftmals auch sehr leichtsinnig.

Alle gut erzogenen und ausgebildeten Pferde sind dem Menschen gegenüber freundlich eingestellt. Sie versuchen, dich zu verstehen, dir zu gefallen und mit dir gemeinsam etwas Schönes zu erleben.

Denke ruhig und positiv rund um dein Pferd!

Alle artgerecht lebenden Pferde (das heißt solche, die Pferdefreunde haben und täglich auf die Weide kommen und genug Bewegung haben), kennen unsere neue Welt – mit Hunden, Traktoren, Autos, Fahnen, Musik und vielen anderen Dingen. Sie haben prinzipiell nicht mehr Angst davor, als du ihnen machst. Denn die meisten Pferde sind ausgerechnet in solchen Situationen schreckhaft und unsicher, vor denen du selbst Angst hast. Sitzt aber ein anderer Reiter drauf, gehen sie plötzlich ganz ruhig vorbei. Wir selbst übertragen unsere Ängste und Verspannungen alleine schon durch angespannte Muskeln auf das Pferd. Ängste, aber auch Freude und Glück.

Du brauchst in den ersten Reitstunden nicht technisch gut zu sein oder dein Pferd zu kontrollieren. Der Reitlehrer achtet darauf, dass du dein Pferd nicht allzu sehr störst und so könnt ihr alle zusammen eine Menge Spaß haben. Wie viel du

Mit Mäxchen ist Nele noch angehängt ...

... hier geht es schon alleine.

Pferde kennen unsere neue Welt mit Autos und anderen Dingen! Denke ruhig und positiv!

dann reitest, welche Gangart und wie schnell – hängt einzig und allein von deiner Kraft und Konzentration ab.

Auch dein Pferd ermüdet, denn es arbeitet ja für dich. Wenn du die Möglichkeit hast und weiter reiten willst, dann nimm dir ein zweites Pferd oder Pony. Wenn nicht, musst du einfach aufhören.

Du hast in der ersten Reitstunde also drei Aufgaben:

- Halte dich nicht am Zügel fest, sondern in der Mähne, dem Halsriemen oder Sattelriemchen.
- Versuche, deinen Po immer wieder in die Mitte des Pferderückens zu schieben, in den tiefen Punkt, die Sitzfläche. Finde deine Mitte!
- Gib deinem Pferd am Schluss der Reitstunde eine leckere Belohnung (Möhre, Apfel, Brot, Leckerli) und sprich freundlich mit ihm!

Alle anderen Pflichten teilen sich das Pferd und der Reitlehrer. Du brauchst nur Spaß zu haben, die Natur und vor allen Dingen die Bewegungen, die Freundlichkeit, den Geruch und das warme weiche Fell deines Pferdes zu genießen.

Ab jetzt bist du ein Reiter!

Der Schritt am hingegebenen Zügel ist wiegend und angenehm.

Der Schritt

DAS IST ABER SCHÖN!

AUCH FÜR DAS PFERD?

Dieser Zügel ist zu kurz aufgenommen. Claudia verliert dadurch ihren flächigen Rücken.

Der Schritt ist eine schwunglose Gangart. Der Reiter wird also nicht so herumgeschüttelt wie die Kartoffel in der heißen Bratpfanne. So wie es nämlich im Trab passiert. Der Trab wiederum schaukelt uns nicht so herum wie der Galopp. Bei dem fühlt es sich manchmal an, als säßen wir auf einem wild gewordenen Schaukelpferd.

Der Schritt ist langlinig (alles im Pferd ist auf ein fließendes Vorwärts und nicht auf ein hüpfendes Auf und Ab ausgerichtet) und im Vorwärtsfluss trotzdem wiegend. Er ähnelt deinem Gehen. Im Schritt wird die rechte und linke Seite des Pferderückens abwechselnd sanft angehoben. Die eine Seite hebt sich, die andere wird gesenkt. Das Pferd setzt im Schritt seine vier Hufe in acht Bewegungsphasen auf. Jeder dieser Abläufe geht durch den ganzen Körper des Pferdes. Wenn du nebenher gehst, kannst du diese Energie spüren und in deinen Gang einbauen. Wenn du draufsitzt, kommen alle diese acht Bewegungsphasen in deinem Körper an. Wesentlich ist: Die rechte Körperhälfte tut etwas anderes als die linke und umgekehrt. Und nicht du bist der ‚Macher', sondern das Pferd oder Pony. Die große Reitkunst liegt darin mitzuschwingen, ohne das Pferd im Rücken zu stören. Das ist gar nicht so einfach. Wenn du schon beim Gehen nicht locker bist, kannst du es beim Reiten auch nicht sein. Denn die meisten Menschen gehen selbst nicht taktrein und losgelassen, so, wie sie es aber von ihrem Pferd verlangen. Du hast also keine einfache Aufgabe vor dir.

Für den Anfang gilt: Reite herzlichen Sinnes und mit lockerem Gesäß lange, lange Zeit und sehr viel Schritt. Das Schreiten des Pferdes kann dich so

Lisa reitet ihren Billy schön am hingegebenen Zügel.

Der Zügel ist schön vorsichtig aufgenommen. Lisa verkrampft sich jedoch etwas im Hüftgelenk. Dadurch rutschen ihre Beine nach vorne.

Absichtlich nimmt Lisa den Zügel zu kurz. Billys Hals wird steif und Lisas Arme auch.

durchlockern, dass du vom Schrittreiten alle Gangarten des Pferdes erlernen kannst.

Der Fortgeschrittene sollte sich seine Schrittphasen gut einteilen. Reite so viel wie möglich Schritt am hingegebenen Zügel. Der Schritt mit dem verkürzten, aufgenommenen Zügel erfordert eine hohe Stufe von Gleichgewicht und Losgelassenheit beim Pferd und beim Reiter. Daher reiten wir den Schritt am Zügel nur für kurze Strecken und selten.

Den Schritt am hingegebenen Zügel (der Zügel ist dabei ganz lang und bei einer tiefen Reiterhand an der Schnalle angefasst kannst du ausschließlich, oder oft, oder immer wieder reiten!

Wenn dein Pferd unruhig, ungehorsam oder zappelig ist, kannst du den Zügel auch im Schritt aufnehmen. Aber nicht, um dich daran festzuhalten, sondern um dem Pferd mit einer angenehmen Anlehnung der Zügel durch die Reiterhand eine Grenze nach vorne und zu den Seiten zu geben. Das gibt ihm Sicherheit.

Der aufgenommene Zügel wirkt immer im Einklang mit deinem Po und deinen Beinen ein. Alle Hilfen und Sitzeinwirkungen, die es gibt, laufen durch den ganzen Körper beim Pferd und auch beim Reiter. Meistens ist der Zügel deshalb im Schritt lang hingegeben.

Daylight mit Halfter, Halsriemen und zwei Stricken schön am langen Zügel geritten.

Daylight in Anlehnung – noch etwas zu gewollt und daher etwas zu verkrampft. Bald fällt es dir leichter, Ann-Kathrin.

Du kannst deine Augen schließen, wenn du dich auf dem Pferd sicher fühlst und auch wirklich sicher bist, weil du zum Beispiel geführt oder longiert wirst. Beim etwas geübteren Reiter ist die Reitbahn oder umzäunte Weide auch der Ort für ein sicheres Reiten. Schließe deine Augen immer wieder und spüre die Bewegungen deines Pferdes im Schritt: Spüre mit der rechten und linken Pobacke und deinen Gesäßknochen, wie das Pferd dich bewegt und wohin. Wann bewegt es dein rechtes Bein nach rechts und nach oben und wann dein rechtes Bein nach unten und nach innen beinahe unter sich? Spüre den Bauch des Pferdes, wie es sich bewegt und was das mit deinen Beinen macht. Spüre, wie die rechte und linke Körperhälfte vom Pferd abwechselnd durchgelockert werden. Versuche, dieses Gefühl ohne und mit Sattel, ohne und mit den Füßen im Steigbügel zu spüren.

Fühle dich mit jedem anderen Pferd wieder neu in dessen Schritt ein. Versuche, den Schritt mit deinem Po zu fühlen, mit deinen Ohren zu hören und mit dem Herzen zu begleiten. Sei herzlich, wenn du Schritt reitest, dann traut sich dein Pferd zügig, locker und gleichmäßig voranzugehen. Versuche dem nachzuspüren, wohin das Pferd wann alle seine Füße setzt. Höre den Klang der Hufe und die Geschmeidigkeit der Gelenke.

Es ist egal, ob du in einer kleineren Reitbahn reitest oder auf einer langen Asphaltstraße. Immer sollte der Schritt Musik sein in deinen Ohren und Rhythmus in deinem Po. Der Schlagzeuger dabei ist das Pferd und du darfst genießen. Gib dem Pferd das Gefühl: „Trau dich voran, ich halte dich nicht von hinten fest!" Versetze dich in die Stimmung, indem du durch Blümchenwiesen reitest oder einen langen Waldweg entlang.

Meistens wird vom Pferd verlangt, dass es sich im Schritt auf die Beweglichkeit des Reiters einstellen soll. Das ist eine sehr saure Arbeit und verbreitet eine sehr saure Stimmung. Viele Schulpferde haben sich schon chronisch auf diese Situation eingestellt. Das ständige Reiten in der Abteilung mit geregelten Abständen bremst sie die ganze Zeit aus. Ein ausgebundenes Pferd hat es zusätzlich schwer, den Takt im Schritt und das gleichzeitige energische Wandern zu bewahren. Viele Schulreiter haben auf solchen Pferden gelernt. Sie kaufen sich ihr erstes eigenes Pferd und versuchen, das Pferd dann auf ihre Gewohnheiten einzustellen und umzuerziehen. Wie du jetzt schon weißt, ist das falsch. Kein Pferd hält gesundheitlich und seelisch lange durch, wenn es beim Schrittgehen mit Reiter oft aus dem freien Bewegungsfluss geholt wird. Das Pferd hat es im Schritt genauso schwer, wenn es von der Hand des Reiters gestört wird, von seinem verspannten Gesäß, dem festgestellten Hüftgelenk oder dem verkrampften Kiefer oder Genick. Es fühlt sich schon unwohl, wenn du den Atem dauernd flach hältst oder mit den Augen immerzu auf seinen Hals guckst.

Allerdings: Der Schritt des Pferdes ist die Verschnauf-Gangart. Zu meinen Ponykindern sage ich immer: „Teilt euch das Reiten so ein, dass ihr dieselbe Anzahl von Kilometern im Schritt zurücklegt wie im Trab und wie im Galopp!" Und achtet darauf, dass sich die Nüstern und die Flanken des Pferdes ruhig und gleichmäßig bewegen, bevor ihr wieder antrabt oder angaloppiert. Hört zu, ob es beim Atmen gluckst oder pfeift oder japst. Es sollte stattdessen zur Bewegung hinatmen und hinschnauben, das bedeutet, dass es im Rhythmus der Bewegung atmet. Der Schritt ist neben dem gemütlichen Beieinanderstehen nach dem Anhalten also die Gangart, in der das Pferd verschnauft.

Am leichtesten übt ihr den taktreinen Schritt über eine Blumenwiese reitend ein.

Deine Aufgaben im Schritt:

- Richte den Zügel immer nach der Halslänge und der Trittlänge des Pferdes aus. Der Schritt braucht am meisten Platz im Zügel.
- Lass dich im Körper mit und ohne Steigbügel – mit offenen oder geschlossenen Augen – auf die Bewegungen jedes neuen Pferdes immer wieder ein. Spüre das Auffußen deines Pferdes und was es mit deiner rechten und deiner linken Körperhälfte abwechselnd bewirkt.
- Reite den Schritt immer so, als würdest du eine Blümchenwiese bei Sonnenschein überqueren, auf deren anderer Seite ihr von euren Freunden erwartet werdet, das Pferd und du.
- Lass im Schritt deine Augen umherschweifen und beobachte dabei aufmerksam die Umgebung, während du innerlich lächelst.
- Erlaube deinem Pferd dieselbe Stimmung. Dabei ist der Schritt im Grundsatz immer munter und doch nie gehetzt.

Jedes Pferd braucht täglich eine freie Zeit mit seinen Freunden.

Der Trab

WEICH UND LOCKER RHYTHMISCH VORAN!

Das Pferd ist ein Vorwärtstier. Es braucht viel Bewegung. Herz, Lunge, Gelenke, der Verdauungsapparat und die Hufe sowie der ganze Stoffwechsel im Körper für die Durchblutung der Haut sind nur durch Bewegung gesund und belastbar.

Jetzt denkst du vielleicht, dass dein Pferd sich doch im Auslauf oder auf der Wiese bewegen kann. Denn natürlich gehst du davon aus, dass jedes Pferd eine freie Zeit zum Spielen, Sich-Wälzen oder zur Fellpflege mit seinen Freunden hat. Doch tatsächlich sind viele Ausläufe und Weiden zu klein und es sind dort zu viele Pferde beieinander.

Außerdem muss jedem Pferd erlaubt sein, mit Reiter genau das zu tun, was es ohne Reiter schon kann. Sonst fühlt es sich nicht natürlich – nicht mehr wie ein Pferd.

Der Trab ist die Gangart, in der das Pferd sich beruhigt. Es löst seine alltäglichen Verspannungen und Verkrampfungen und arbeitet sich aus, rea-

Hier ist die Reiterin bei der Taktstangenarbeit im guten Springsitz: Füße vor – Po nach hinten – Hände vor.

giert sich ab. Der Trab ist ein Zweitakt mit vier Phasen der Bewegung. Er ist zügig und schwungvoll und doch ziemlich schnell erlernbar. Die Beinpaare des Pferdes treten über die Diagonale gleichzeitig nach vorne. Eine Diagonale ist eine schräge Linie von dem Hinterbein auf einer Seite zu dem Vorderbein auf der anderen Seite. Den Rhythmus des Trabes kann man gut hören, gut spüren und leicht zählen: 1 – 2 – 1 – 2 – 1 – 2 – 1 – 2.

Für den Reitanfänger ist der Trab erst mal ein ständiges Hochgeschubst-Werden vom Pferd und schrecklich unbequem. Nach einiger Zeit kann man – oftmals nur ganz kurz - ein erstes Hineinschwingen in ein frisches gemeinsames Tempo spüren. Das fühlt sich toll an. Für den fortgeschrittenen Reiter ist der Trab die Gangart, in der er den robustesten und wirksamsten Kontakt zum Pferd aufbauen kann. Dem Drang vorwärts zu wollen wird stattgegeben. Und zwar beim Pferd und beim Reiter.

Im Trab kannst du die Zügel relativ kurz halten. Das kommt deinem Sicherheitsgefühl wahrscheinlich sehr entgegen. Achte jedoch darauf, dass dein Pferd noch genügend Platz im Hals hat. Es braucht den Hals passend vor sich zum Ausbalancieren.

Du kannst dich einfach hineinschwingen und durchschütteln lassen. Das geht ohne Sattel, mit Sattel, ohne Steigbügel und mit Sattel mit Steigbügeln. Du kannst den Sitz des Springreiters annehmen oder den des Rennreiters. Damit wird dein Gesäß geschont und der Rücken des Pferdes auch.

Du kannst dir auf dem Foto angucken, wie der Sitz des Springreiters aussieht. Zuerst machst du die Steigbügel drei bis fünf Löcher kürzer. Dadurch hast du die Möglichkeit, fester im Bügel zu stehen.

Und hier ist das Pferd gut – mit gewölbtem Hals und Rücken.

Schiebe die Füße im Steigbügel bis hinter die Zehenknochen (etwas vor die Mitte des Fußes) durch. Achte darauf, dass dein Fuß flach über dem Boden ist, also parallel zum Boden im Bügel steht. Wenn du so tust, als würdest du auf dem Boden

Clara und Masur – auf dem flotten Pony sehr harmonisch. Etwas tiefer die Knie und Füße, Clara, für mehr Stabilität.

mitlaufen, sollten weder dein Absatz noch deine Zehenspitzen den Boden zuerst berühren. Du hast Halt mit der ganzen Fußsohle und der Steigbügel ist dein hochgehobener Boden.

Stütze als Nächstes deine Hände (genauer gesagt: deine Fingernägel mit ihrer flachen Seite) rechts und links vom Widerrist des Pferdes auf. Neige dich nach vorne. Lass dabei jedoch die Beine liegen. Mit deinem Gewicht bist du jetzt im Sattel leichter. Schiebe deinen Po im Sattel einfach nach hinten. So viel, wie du Schultern und Hände nach vorne nimmst, genau so viel Kehrseite (Gesäß, Po) schiebst du nach hinten. So bleibt die Mitte deines Körpers über deinen Füßen, und dein Po behält den Kontakt zur Hinterhand des Pferdes, du bleibst im Gleichgewicht. Wenn du selbst gehst, hüpfst, dich bückst und springst, sitzt der Motor tief unten in deinem Becken (Po). Beim Pferd ist das genauso.

Du möchtest also einerseits mit deinem Sitz nicht stören, aber andererseits die Möglichkeit haben, mit deinem Gesäß die Hinterhand des Pferdes zu beeinflussen.

Bis jetzt hast du für den Sitz des Springreiters:
- deine Steigbügel kürzer geschnallt
- deinen Oberkörper nach vorne geneigt
- deine Hände aufgestützt
- deinen Po am Sattel nach hinten geschoben (so viel Schulter vorne wie Po hinten).

Marie in der Aufstehphase beim Leichttraben.

Der Sitz des Springreiters soll auch für den Reiter immer bequem bleiben. Wenn du Schmerzen bekommst oder im Körper stark ermüdest, dann mache eine Pause. Während der Pause darfst du irgendwie auf dem Pferd sitzen.

Ein unbequemes Gefühl beim Sitz des Springreiters kommt immer dann, wenn du dein Gewicht nur mit wenigen Bereichen deines Körpers aufnimmst, statt zu versuchen, das Gewicht gleichmäßig auf alle Bereiche zu verteilen: beide Fußballen und beide Hände. Deshalb solltest du immer überprüfen, ob deine Beine gleichmäßig in den Steigbügeln ruhen und ob dich deine Hände wirklich stützen? Hast du den Po genügend nach hinten geschoben? Zieh nicht den Bauch ein! Ein starker Bauch mit viel Atem unterstützt dich beim Springsitz. Dein Rücken darf krumm sein, flächig gerade oder etwas hohl. Aber es muss sich im Rücken bequem anfühlen. Du kannst den Rücken so krumm halten wie eine Katze, die ihren Buckel hochschiebt, oder so durchhängen lassen wie ein sehr alter Karrengaul seinen Rücken durchhängen lässt. Du kannst auch einen Entenpo machen. Mit der Zeit findest du heraus, was wirklich beim Sitz des Springreiters bequem für deinen Rücken ist.

Die restliche Mühe liegt wie immer beim Pferd. Es schwingt dich aus, es federt dich durch. Halt die Luft nicht an, damit das Pferd durch dich lernt, dabei weiterzuatmen. Eigentlich lieben alle Pferde den Sitz des Springreiters, der Entlastungssitz genannt wird oder in seinen verschiedenen Bügellängen auch leichter Sitz, Springsitz oder Rennsitz.

Eine gute Methode, um den Pferderücken zu schonen, ist auch das Leichttraben. Hierbei zählst du die Trabschritte 1 – 2 – 1 – 2 – 1 – 2 – 1 – 2 – 1 – 2. Bei 1 stehst du auf, wie du auch aus einem Stuhl aufstehst. Und bei 2 setzt du dich wieder hin. 1 aufstehen, 2 hinsetzen, 1 aufstehen, 2 hinsetzen. Hinsetzen heißt nicht hinplumpsen wie auf ein altes Familiensofa. Einsitzen beim Reiten heißt, mit dem Po den Sattel suchen. So, wie du dich beim Hinsetzen am Esstisch auf einen wertvollen,

Lara und Bambi im Geländetrab

geschnitzten, uralten Stuhl setzen würdest. Leichttraben kann für das Pferd angenehm sein, muss es jedoch nicht. Das hängt von der Geschwindigkeit und dem Gleichgewicht und Können des Reiters ab. Junge Pferde werden oft monatelang leicht getrabt und immer beim Trabreiten im Gelände. Traditionell wird das erste Traben in der Reitbahn leichtgetrabt. Ich würde jedoch, genauso für das Lösen im Trab, den Sitz des Springreiters wählen. Oder zwischen beiden Sitzarten im Trab und dem Schritt am hingegebenen Zügel abwechseln. Ohne Sattel wird der Trab sowieso ausgesessen. Das Pferd hält dich auf der Mitte seines Rückens im tiefsten Punkt. Du kannst versuchen, dort mit deinem Gesäß zu bleiben – sonst rutschst du nämlich herunter. Mit Sattel ist das Aussitzen schon schwieriger. Der Sattel sollte dich unterstützen. Häufig setzt ein Sattel dich aber aus der Bewegung heraus, wenn er in seinem tiefen Punkt und in seinen Sattelblättern nicht zum Pferderücken und zu deiner Beinlage passt. Übe das Aussitzen also mit dem geführten Pferd, mit deinem Pferd als Handpferd oder allein immer in kurzen Strecken. Mit einem erfahrenen, schwingenden Pferd, das sich gut auf der Zirkellinie biegen kann, sind Sitzübungen an der Longe sehr wertvoll für das Einüben des Aussitzens. Meiner Meinung nach wird das Aussitzen überbewertet und es wird zu früh und zu lange ausgesessen. Es ist dann sehr anstrengend für das Pferd und für den Reiter, und diese Anstrengung stört das Mitschwingen. Reite den Trab am Anfang langsam, umso einfacher ist es für dich auszusitzen. Dein Ziel sollte immer sein, dass dein Pferd locker bleiben und schwingen darf. Die Westernreiter nennen diesen langsamen Trab den Jog. Wenn du dich im langsamen Trab wohl fühlst, kannst du ihn abwechseln mit dem Arbeitstrab. Das ist ein energievolles rhythmisches Traben mit deutlich mehr Tempo. Der Pferderücken sollte dabei jedoch nie stoßen oder schlagen, sondern dich immer weiter schwingen.

Im Gelände, auf der Reitwiese und sogar in der Reitbahn kannst du dann noch den Geländetrab reiten. Der Geländetrab ist ein Trab an der Grenze zum Galopp, extrem schnell und sehr raumgreifend. Das Pferd muss mit seinen Schultern weit nach vorne fassen und dafür sehr locker über den Rücken laufen. Der Geländetrab fühlt sich etwa so an, als führest du mit einem Rennschlitten über eine schnelle Buckelpiste. Trotzdem ist er immer schwingend und nicht springend und daher einfacher als der Galopp.

Der fortgeschrittene Reiter wechselt dann immer zwischen dem versammelten Trab, dem Arbeitstrab, dem Mitteltrab und dem starken Trab. Das ist langsam, schnell, noch schneller und sehr schnell. Jedoch nicht mehr nur locker schwingend, sondern dazu tänzerisch energievoll und kraftvoll. Pferd und Reiter begeben sich in eine andere Balancestufe und damit eine andere Haltung. Das Pferd braucht dafür eine bestimmte Ausbildungsstufe, bei der bestimmte Muskeln trainiert werden. Und auch der Reiter muss bereits mehr können, bestimmte Bewegungen und Muskeln trainiert haben. Er braucht einen eingesessenen Po und ein eingeübtes Zusammenspiel zwischen vortreibenden und aushaltenden Hilfen. Dies kann bei Sitzübungen an der Longe und beim Einzelunterricht eingeübt werden. Das Erlernen dauert mehrere Jahre.

Deine Aufgaben beim Traben:

- Das Wollen! Leite den Trab frisch und munter ein, entweder mit aufmunternden Worten oder einem Schnalzen der Zunge. Hast du das Schnalzen schon geübt?
- Du darfst vor dem Antraben den Zügel verkürzen, denn das trabende Pferd braucht weniger Platz im Zügel.
- Aber du sollst nicht am Zügel ziehen! Setze deine Hände auf oder halte dich in der Mähne fest, am Halsriemen oder am Sattelriemchen.
- Übe in einem langsamen Trab alle drei Sitzarten ein: den Springsitz als Vorbereitung für das Aussitzen; das Leichttraben, um die Belastung für den Pferderücken und für deinen Rücken zu mindern.
- Male dir im Kopf den Trab energievoll, rhythmisch und voller Musik aus. Singe dabei oder mache dir das Radio an.
- Im Gelände kannst du einige Kilometer lang traben und dann dein Pferd verschnaufen lassen. In der Bahn ermüdet das Pferd durch die vielen Kurven und die Eintönigkeit der Umgebung eher. Achte darauf, ob es noch Puste und Kraft hat.

„Reiten lernt man nur durch Reiten" ist ein alter Lehrsatz. Ein gut angelerntes, lockeres und fröhliches Pferd ist dein bester Lehrmeister.

Also – trabe!

Ein guter Hufkratzer, ein Striegel, Bürsten mit weichen und rauhen Borsten und zwei Schwämme gehören in jeden Putzkasten.

Das Putzen

DAS GUTE IN DER NOTWENDIGKEIT!

Zurzeit putze ich mein altes Pferd Lombard jeden Tag. Es ist der fünfte März – und er will sein Winterfell verlieren. Ich nehme den großen Eisenstriegel in die rechte Hand, wenn ich die rechte Körperhälfte des Pferdes putze, und in die linke Hand, wenn ich die linke Körperhälfte des Pferdes putze. So ist es praktisch und körperbewusst. In kraftvollen linkskreisenden Bewegungen striegele ich die rechte Körperhälfte von den Ohren bis zum Vorderhuf und vom Hals über den Bauch bis zum Hinterhuf. An manchen Stellen rubbele ich mit dem Eisenstriegel gegen die Fellrichtung auf und ab oder hin und her. Lombard drückt sich genüsslich gegen meinen Striegel, bewegt locker die Lippen und verdreht die Augen. Auf dem Boden sammelt sich ein riesiger Haufen brauner Pferdehaare. Du kannst ruhig bei allen weichen, runden Körperstellen kräftig aufdrücken. Sei aber sehr vorsichtig an den Beinen und dort, wo das Pferd knochig ist. Mit dem Eisenstriegel wird das Pferd erst einmal dreckiger, da du damit den Schmutz auflockerst. Dann nehme ich den Eisenstriegel in die linke Hand und eine rote Wurzelbürste in die rechte Hand. Vom Genick bis zum Vorderhuf und von der rechten Halsseite bis zum Hinterhuf bürste ich Lombard ab. Nach jedem Bürstenstrich streiche ich die rote Wurzelbürste auf dem Eisenstriegel in meiner linken Hand ab. So entferne ich die Pferdehaare aus der Bürste. Jetzt nehme ich dieselbe rote Wurzelbürste und putze

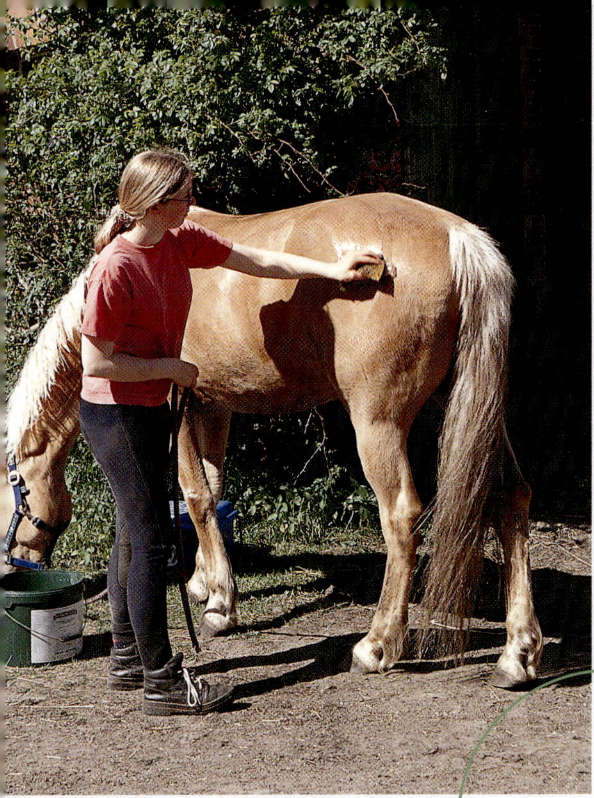

Ann-Kathrin wäscht ihre seidenhaarige Tennessee Walking Stute, Gold Dashing Daylight. Auch der Schweif wird wieder weiß.

den Kopf. Um die Ohren herum, unter dem Schopf auf der Stirn, an den Gamaschen und besonders lieb und lange am Kehlgang entlang. Ich achte besonders darauf, das Halfter dabei nicht abwärts zu ziehen, sondern dicht am Pferdekopf hoch und seitlich wegzuhalten. Sanft rubbele ich mit meiner Bürste Lombards Kopf. Ich spreche dabei freundlich mit ihm. Wer lässt sich schon gerne von anderen das Gesicht abrubbeln? Dazu gehört Vertrauen und ein Gefühl von Freundschaft. Ich jedenfalls finde es nett von Lombard, dass er mich sein Gesicht putzen lässt. Dann nehme ich den Massagestriegel aus Plastik zur Hand. Er heißt auch Finnenstriegel. Ich striegele damit den Schopf durch, die Mähne und die Haare oben an der Schweifrübe. Das findet Lombard jetzt sehr nett von mir. Ich schaue kurz unter die Hufe. Sie sind – wie bei fast allen natürlich lebenden Pferden – sauber. Dann fege ich das auf dem Boden liegende Rosshaar zusammen und stopfe es unter den Misthaufen. Fertig ist mein Winterputz.

Im Sommer, wenn die Pferde kein dickes Fell sondern Sommerfell haben, kann die Wurzelbürste zu hart sein für empfindliche Pferde. Dann solltest du stattdessen eine Bürste mit weichen Borsten (Kardätsche) nehmen, mit der man den Schmutz auch noch besser aus dem Fell holen kann. Was man im Winter gar nicht soll, da die Ponys und Pferde einen bestimmten Fett- und Schmutzfilm im Fell brauchen, um nicht zu frieren.

Neben mir probiert Sigi seinen neuen Fellkratzer an unserem Fjordpferd aus. Sehr praktisch zum Herausholen von Winterfell. Jedoch – ohne Wurzelbürste geht es nicht, weil der Dreck, den die Pferde sich beim Wälzen aufgepackt haben, zwar getrocknet ist, sich jedoch nicht einfach herauskratzen lässt. Ann-Kathrin putzt auf der anderen Stallseite ihr Palominopferd Gold Dashing Day-

light. Das heißt, sie putzt eben nicht! Sie steht mit ratlosem Gesicht neben ihrem Pferd und hat die Putzbürste in der Hand. Gold Dashing Daylight (das heißt übersetzt: golden glänzendes Tageslicht) glänzt nämlich gar nicht golden, sondern hat sich eine Moorpackung gegönnt, ein Bad im schwarzen Schlamm. Die Stute findet sich hübsch, sie fühlt sich wohl, sie strahlt. Nur reiten kann man so nicht. Aber gar nicht putzen geht in diesem Fall auch nicht. Und auch wenn es Winter in Schleswig-Holstein ist, manchmal sollte man schon das Pferd erkennen können.

Mein Tipp an Ann-Kathrin: Ein Eimerchen mit lauwarmem Wasser, ein Schuss Apfelshampoo oder grüne Seife hinein und ein sauberer Schwamm. Denn zumindest am Kopf unter der Trense, unter der Satteldecke, dem Sattelgurt und unter der Schweifrübe muss das Pferd zum Reiten immer sauber sein, sonst scheuert es sich auf und wund.

Im Sommer kannst Du es richtig abwaschen und anschließend mit einem Schweißmesser das Wasser vom Pferd abziehen. Eigentlich wäre es auch im Winter am besten, wenn du dem Pferd den Schweiß aus dem Fell waschen könntest, denn dann verklebt es nicht, die Haut kann besser atmen und das Pferd wird schneller warm. Mit Pferden, die das ganze Jahr über bei Wind und Wetter auf der Weide stehen, die robust gehalten werden, kannst du das auch machen. Alle anderen brauchen eine richtige Abschwitzdecke oder Stroh unter einer normalen Decke, das man nach zwei Stunden wechseln muss.

Es gibt andere Gelegenheiten, sich um das Putzen zu drücken: Felix ist eine Mischung zwischen einem Shetlandpony und einem Lewitzer. Er ist erst fünf Jahre alt. Er ist regelrecht blank gefüttert, sein strammer muskulöser Körper weist allen Dreck ab. Er ist quicklebendig und vital. Im Winter ist sein Fell plüschig, im Sommer ist sein Fell blank und seine braunweiße Mähne ist immer flauschig. Lara-Mareike ist jetzt zwölf Jahre alt. Sie kennt das Pony Felix seit fünf Jahren, da hat er ihr nämlich nach seiner Geburt den Kopf auf das Knie gelegt, als er gerade mal eine Stunde auf den Beinen stehen konnte. Lara hat lange blonde wellige Haare, die sehr schön aussehen und die man nur mal ganz kurz durchzubürsten braucht. Lara hat also Verständnis für ein pflegeleichtes Verhalten. Wenn Lara und Felix sich treffen, geht es dann auch nicht um Pflege, sondern um Action: Aufsitzen, losgaloppieren – das Kompliment üben, damit Felix sich vor Publikum verbeugen kann. Viele Weidepferde und einige Offenstallpferde können – wie Felix – auf das Putzen und Striegeln verzichten. Sie sind blank, weil sie gesund und vital sind.

Es gibt sauharrige und seidenhaarige Pferde. Viele Araber sind seidenhaarig, Angloaraber und andere Rennpferde, wie der englische Vollblüter. Und es gibt Warmblüter, die von ihren Vollblutahnen das seidenhaarige Fell geerbt haben. Ein seidenhaariges Pferd fühlt sich zum Streicheln ganz außerordentlich wunderbar an. Doch es wird nicht gerne geputzt!

Mein Tipp: Nimm ein Staubtuch, um das Fell glatt zu kriegen, einen Wollschal oder einen Lammfellhandschuh. Manchmal ist es ein Sisal-

Die braunweiße Mähne von Felix ist pflegeleicht und flauschig – wie Laras blonde Haare ...

... deswegen machen diese beiden lieber ‚action'

tuch und immer wieder das Waschen, womit diese Pferde sich wohl fühlen.

Wenn du viele Pferde putzt, solltest du eine große Auswahl von Putzzeug in deinem Kasten haben, denn jedes Pferd hat seine eigenen Vorlieben. Wenn du hauptsächlich ein Pferd putzt, ist dein Kasten schnell individuell zusammengestellt. Es ist eine gute Methode oder Sitte, wenn jedes Pferd eigenes Putzzeug hat, da sich dann Hautkrankheiten oder Ähnliches, die immer mal auftauchen können, nicht auf andere Pferde übertragen.

Du brauchst zwei Schwämme: einen für das Gesicht und einen für den Körper deines Pferdes. Dazu einen Hufkratzer, um die Hufe ordentlich von Dreck befreien zu können. Wichtig ist eine Drahtbürste oder ein Finnenstriegel für die Mähne und die Schweifrübe. Der Kamm wäre mir zu ziepig. Aber eine Mähne und eine Schweifrübe müssen gebürstet werden. Den Schweif selber solltest du alle paar Monate waschen und regelmäßig mit den Händen verlesen. Dazu hältst du den ganzen Schweif in einer Hand und ziehst mit der anderen praktisch Haar für Haar raus, so dass es glatt und unverheddert hängen kann. Das dauert lange, macht mit mehreren aber sehr viel Spaß, weil man dabei quatschen kann. Und die Mühe lohnt sich, denn ein Schweifhaar braucht drei Jahre, um lang

zu wachsen. Da ist es sehr schade, wenn du Schweifhaare mit einer Bürste herausreißt.

Für den Pferdekörper könntest du einen Gummistriegel gebrauchen, einen Massagehandschuh und den Massagestriegel. Manche Pferde lieben auch für ihr Sommerfell den Eisenstriegel. In jedem Fall brauchst du ihn, um die weiche Fellbürste oder Kardätsche daran abzustreichen.

Ein Blitzputz geht blitzschnell, aber auch eine ordentliche Rundum-Fellpflege sollte nicht länger als 30 Minuten dauern. Dann ist die Konzentration und die Geduld deines Pferdes nämlich zu Ende.

Deine Aufgaben beim Putzen:

- Du vertreibst dem Pferd eine schöne gemeinsame Zeit von höchstens 30 Minuten auf angenehme Weise.
- Sei sanft und atme tief und gleichmäßig, während du putzt – das Pferd wird sich dann wohler fühlen.
- Finde heraus, ob dein Pferd ein eher sauhaariger

So achtsam, liebevoll und gründlich putzt Lea ihre (sauhaarige) Luna.

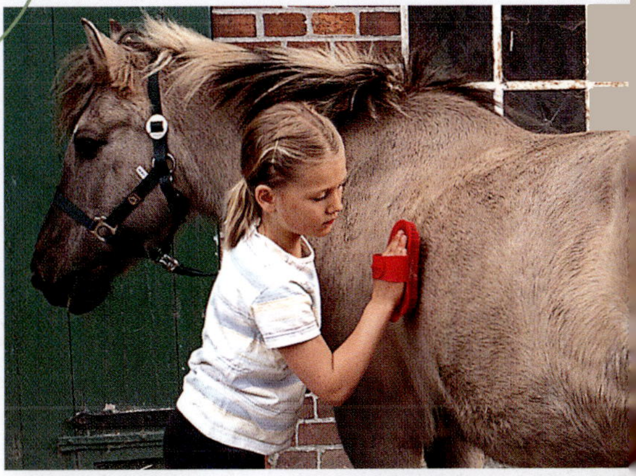

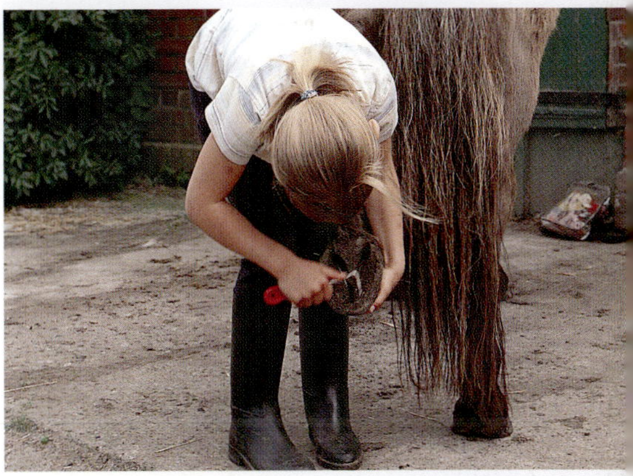

(sehr festes, borstiges Fell) oder eher seidenhaariger Typ ist.

- Ein geschorenes Pferd oder eines, das immer mit einer Stalldecke lebt, musst du behandeln wie ein seidenhaariges Pferd.
- Finde heraus, welche Putzwerkzeuge dein Pferd mag. Wenn es dein Putzen gut aushalten kann, steht es ruhig und genießerisch da.
- Wenn es dein Putzen als unangenehm empfindet, wird es versuchen, sich wegzudrehen oder nach dir schnappen und treten. Bleibe dann sachlich und freundlich und versuche herauszufinden, mit welchem Putzzeug du aus dem Pferd einen Genießer machst.

Mit einem gezielten Putzen bereitest du dein Pferd auf das Reiten vor. Wenn du gar nicht putzt, riskierst du Satteldruck oder einen trägen Stoffwechsel beim Pferd. Wenn du zu viel putzt, wird dein Pferd sauer. Zu Recht. Auf einem sauren Pferd kann man gar nicht toll reiten.

Lisa beim Indianeraufsprung

Das Aufsitzen

KANN ICH NICHT ALLEINE RAUF?

Erst wenn ein Reiterkind von selbst die Frage stellt: „Kann ich nicht schon einmal alleine rauf?" zeige ich ihm die verschiedenen Möglichkeiten aufzusitzen. Vorher ist mir der Reiter zu steif und befangen am Pferd. Das Pferd ist kein Turngerät und ich will ihm jede mühselige Kletterpartie des Reiters ersparen. Der Sattel ist teuer gewesen. Auch er verdreht sich in seiner Mittelpartie und geht damit langfristig kaputt, wenn man sich mühselig an ihm hochzerrt.

Bei allem Tun rund ums Pferd denke ich immer an das Morgen. Morgen – das heißt: das nächste Mal! Auch beim nächsten Mal soll das Pferd sich noch auf mich und die Zusammenarbeit mit mir freuen. Wenn ich heute das Aufsitzen leicht und elegant hinkriege, wird das Pferd sich morgen davor nicht beunruhigen.

Die erste Vorbedingung zum Aufsitzen ist das Gefühl, dass du es alleine schaffen könntest. Das Zutrauen und die Vorstellung davon, wie eine Bewegung oder Aktion aussehen könnte, bereiten den Ablauf nämlich in deinem Körper vor. Du brauchst im Handeln nur noch das vorher erahnte und erdachte Bild einer Bewegung herauszulassen, gewissermaßen abzuspulen. Als Zweites solltest du schauen, ob du dich an das jeweilige Pferd auch heran traust, auf das du hinaufkommen möchtest.

Trines Aufsitztrick: Leckerli auf den Boden – mit einem Kopfschwung nach oben transportiert Trine den Reiter auf ihren Rücken.

Es sollte sich so anfühlen, dass du dich überall an und bei dem Pferd wohl fühlst: An ihm, vor ihm, bei ihm, neben und hinter ihm. Gewissermaßen dicht dran und fast drunter.

Bei der netten kleinen Joy und bei der braven großen Trine sieht das natürlich anders aus als bei dem Rennpferd vor dem Start oder einem Jungpferd, dem das Aufsitzen selber noch unheimlich ist.

Jedes Pferd verschickt gewissermaßen eine Einladung an dich mit der Botschaft: „Steigst du jetzt endlich auf?" Diese Botschaft kannst du mit einiger Übung an der Körpersprache des Pferdes ablesen. Sein Auge und sein Ohr sind dir zugewandt und es steht ruhig neben dir und bietet sich zum Aufsitzen an.

Ein gut erzogenes Pferd ist vom ersten Tag an für das Aufsitzen angelernt worden. Es stellt sich zufrieden und vergnügt aufsitzbereit neben dich hin. Wenn du selbst verkrampft bist oder dem Pferd gegenüber rempelig, dann wird es leicht unruhig. Du musst es dann erst wieder in einer ruhigen Stimmung in eine ruhige Haltung hineinloben.

Merke: Man kann jedes Pferd zu einem ruhigen Aufsitzpferd erziehen. Und jedes Pferd kann für das Aufsitzen wieder verdorben werden. Willst du derjenige sein, der es erzieht oder vor dem es davonläuft?

Die Methode des Rennreiters mit dem Helfer für eine Räuberleiter ist die Vorgehensweise bei Reitanfängern, bei Jungpferden oder verdorbenen Pferden.

Der englische Jagdreiter sitzt von einer Erhöhung aus auf. Das kann ein Baumstumpf sein, eine

Geschickt und fein stellt Nele ihr Pferd an den Aufsitzblock heran.

Bank oder eine große Sprungstangenauflage. Wir haben einen soliden Aufsitzblock mit zwei Stufen auf einer Seite gebaut. Auf den kannst du dich draufstellen. Nimm aber dein Pferd gleich mit. Das ist nämlich das Schwierigste an dieser Übung: dein Pferd heranzustellen. Dafür hast du alle Zeit der Welt. Mache die Übung alleine! Halte ein Leckerli in deiner Jackentasche bereit. Bleib ruhig und entspannt auf deinem Aufsitzblock stehen. Das Pferd darf um dich herumtreten, bis es einen praktischen Platz zum Aufsitzen für dich findet, an dem es ruhig stehen möchte.

Wenn es steht, hast du zwei Möglichkeiten.

Du kannst es loben, streicheln und den Sattel etwas hin- und herschaukeln – bis es wieder antritt. In dem Fall stellst du es wieder von neuem richtig an den Aufsitzblock, schaukelst den Sattel. Erst wenn es nicht mehr antritt, steigst du selbst auf.

Bei der zweiten Möglichkeit verzichtest du auf das Schaukeln und steigst gleich auf das Pferd auf. Das geht genauso, wie es die Western- oder Island- oder auch immer mehr Freizeitreiter machen – nur ohne Aufsitzblock. Sobald dein Pferd ruhig steht steigst du auf. Dazu stehst du mit dem Blick Richtung Pferdeblick, also über seinen Kopf hinweg. So kannst du auch beobachten, ob es sich gut fühlt, mit den Ohren bei dir ist oder gleich weglaufen möchte. Du fasst mit beiden Händen in die Mähne oder mit einer Hand in die Mähne und mit der anderen Hand fast herüber zum gegenüberliegenden Sattelblatt. Du kannst dann mit einem Fuß in den Steigbügel treten, ohne das Pferd mit den Zehen zu pieken. Atme dann aus und schwinge dich über das Pferd – und jetzt – nicht hineinplumpsen in den Pferderücken – sondern sachte,

Hier rutscht der Sattel. Noch einmal aufsatteln und nachgurten, bitte!

sachte über die Innenseite vom Oberschenkel hineingleiten in den Sattel. Gut gemacht. Das Aufsitzen über den Aufsitzblock kann jeder lernen. Die Kunst liegt darin, das Pferd nah genug daneben zu stellen und den Abstand zwischen Aufsitzblock und Pferderücken zu überwinden. Und jetzt kriegt das Pferd von dir selber mit der flachen Hand – richtig – das Leckerli von oben. Mit einem Fuß im Steigbügel vom Boden aus aufzusitzen, ist die wendige, geschmeidige Art, die du bei den Reitlehrern siehst. Das kannst du auch lernen.

Es gibt dafür eine Reihe von Tricks. Und du kannst das Aufsitzen vorab in der Küche oder im Kinderzimmer üben. Zum Beispiel mit einem Fuß auf dem Fensterbrett oder auf einem Stuhl übst du, dein Bein zu heben und abzufedern. Es wird dir sicher gelingen.

Stelle dir die Steigbügel auf eine Höhe ein, die du mit deinem Fuß gut erreichen kannst. Du kannst den Steigbügel ja dann von oben wieder verkürzen. Nach und nach wirst du so geschmeidig, dass du deine normale Steigbügellänge gleich einstellen kannst – egal wie klein du bist und wie groß dein Pferd ist.

In vielen Reitschulen bringen sie dir diese Art aufzusitzen bei. Sie eignet sich gut für sehr große Pferde, da du dabei etwas mehr Schwung bekommst. Wenn du dir nicht sicher bist, ob dein Pferd dabei nach vorne weg stürmt, sollte es dabei jemand vorne festhalten. Stell dich zum Aufsitzen neben die Schulter des Pferdes und schaue dabei nach hinten zum Schweif des Pferdes. Lass die Zügel lang oder nimm sie sanft auf. Der äußere

Zügel darf etwas kürzer sein. Dabei kommt dir dein Pferd dann in der Mittelhand (mit dem Bauch) entgegen. Fass mit der linken Hand in die Mähne und mit der rechten Hand auf die Sitzfläche des Sattels oder an den Vorderzwiesel. Vermeide es, hinten am Sattelkranz anzufassen. Wenn du daran ziehst, bringst du dich selber aus der Drehung heraus. Du hängst dann für kurze Zeit schwerfällig am Pferd.

Claudia fängt es an ...

Das stört das Pferd und schadet dem Sattel. Wichtig beim Aufsitzen ist es, das Pferd nicht mit den Fußspitzen zu pieken. Dafür brauchst du ein bewegliches Hüftgelenk. Denke dreimal hoch, hoch und hoch! Atme dabei aus. Federe dich mit deinem rechten Fuß ab (der linke ist im Steigbügel). Beim Ausatmen federe dich in einer Drehbewegung hoch über das Pferd. Stütze dich dann mit der rechten Hand ab und bleibe im linken Steigbügel stehen. Halte den Sattel in der Waage (du müsstest sogar ohne Sattelgurt hinaufkommen). Man kann sich so federleicht verhalten, dass man gar keinen Sattelgurt braucht. Lass dich zum Schluss sachte in den Pferderücken heruntergleiten. So sitzen alle Reitlehrer und Turnierreiter auf.

Bedenke jedoch, dass sie drei bis dreizehn Pferde am Tag reiten und daher oft Gelegenheit haben zu üben. Ein ‚Plumps' macht das Pferd müde im Rücken und daher sauer.

Wenn du ohne Sattel reitest, hast du auch die Möglichkeit, über einen Aufsitzblock oder eine Erhöhung aufzusitzen. Oder du machst den Indianeraufsprung. Greif in die Mähne, versuche dein Pferd dazu zu bewegen den Kopf und Hals zu senken. Wenn du links neben dem Pferd stehst, ist das linke Bein am Boden. Mit dem rechten holst du Schwung und schwingst es über den Pferderücken, während du dich mit dem linken Bein abfederst. Pass auf, dass du dem Pferd nicht in die Flanke trittst. Gleichzeitig tauchst du selbst mit Kopf und

... und Anka ist gleich oben

Schulter nach unten ab. Diese Art des Aufsitzens solltest du am besten an einem Holzpferd oder in der Schule am Turnpferd üben. Am Anfang kann dich jemand am Hosenboden unterstützen, dann schaffst du es bestimmt. Mit dem Indianeraufschwung können ganz kleine Leute auf große Pferde kommen und ganz große Leute auch. Nur Mut.

Beim Aufsitzen trägt sehr stark der Gedanke die Bewegung. Wenn du denkst „Das Pferd ist groß und wild, ich bin klein und schwach – und der Reitlehrer wird nörgelig und böse, wenn ich nicht hinaufkomme!", dann machst du dein Aufsitzen fast unmöglich.

Mache es so:

- „Ich will alleine rauf!"
- „Ich habe alle Zeit der Welt!"
- „Mein Pferd will mir beim Aufsitzen helfen und stellt sich dafür hin!"
- „Ich sehe die Bewegung vor mir, wie ich aufsitze!"
- „Ich atme beim Aufsitzen aus für mehr Leichtigkeit!"
- „Ich gleite sachte in den Sattel hinein!"
- „Es gibt immer ein nächstes Mal, vor dem das Pferd keine Angst haben sollte!"

Du schaffst das ganz sicher!

Nicht den Sattel senkrecht in die Luft heben, Clara!

Jetzt stehst du zu weit hinten und schwenkst nur den Sattelkranz hoch.

Ich lerne Satteln

SEI NETT BEIM NOTWENDIGEN ÜBEL

Das Satteln ist nicht schwierig. Man lernt recht schnell, wie der Sattel aufgelegt werden muss, und du kannst es selbst machen. Trotzdem solltest du es gerne richtig machen wollen, denn für das Pferd ist das Satteln eigentlich immer etwas beunruhigend. Zudem passen viele Sättel ihren Pferden nicht so gut. Dadurch sind sie für das Pferd eher unbequem. Der Sattel soll dem Pferd und dem Reiter das ausbalancierte Reiten erleichtern und nicht erschweren. Umso wichtiger ist das umsichtige Vorgehen beim Aufsatteln.

Mache es so:

- Achte darauf, ob dein Pferd überall dort am Körper sauber und glatt gestriegelt ist, wo der Sattel und der Sattelgurt aufliegen werden. Es entstehen sonst schlecht verheilende Druck- und Scheuerstellen.
- Achte darauf, ob beide Steigbügel hochgezogen sind.

- Übe, den Sattel anzuheben. Dafür gibt es folgenden Trick: Lege den Sattel auf deine beiden Unterarme und Hände. Hebe den Sattel folgendermaßen hoch: Lehne dich schwungvoll nach hinten und nimm die hintere, von dir abgewandte Hälfte vom Sattel mit hoch. Hebe gewissermaßen nur den halben Sattel.
- Tritt bitte neben das Pferd dicht an seine Schulter heran.
- Schwenke den Sattel hoch und lege ihn auf dem Widerrist des Pferdes ab.
- Schaukele ihn dann langsam in Fellrichtung nach hinten, bis er im tiefen Punkt des Pferderückens liegt.
- Wenn er dir zu weit nach hinten gerutscht ist, musst du ihn wieder abnehmen und neu auflegen. Niemals von hinten nach vorne zurückschieben. Da sträuben sich deinem Pferd nämlich die Haare und das juckt und tut weh.
- Tauche unter dem Hals auf die andere Seite des Pferdes durch und lass den Sattelgurt sachte herunter (nicht einfach runterfallen lassen, denn dann schlägt die Schnalle unter Umständen gegen die Vorderbeine und tut dem Pferd weh.)
- Kontrolliere unter dem Sattelblatt, ob der Sattel geordnet liegt. Dasselbe gilt für die Satteldecke.
- Tauche wieder unter dem Hals des Pferdes durch auf die andere Seite. Bücke dich und hole den Sattelgurt heran. Halte deinen Kopf dabei von den Hinterhufen des Pferdes fern. Wenn es ängstlich oder kitzlig ist, kann es reflexartig nach dir treten.

Sattel auflegen, von vorne nach hinten zurecht rücken und unter dem Hals durchtauchen.

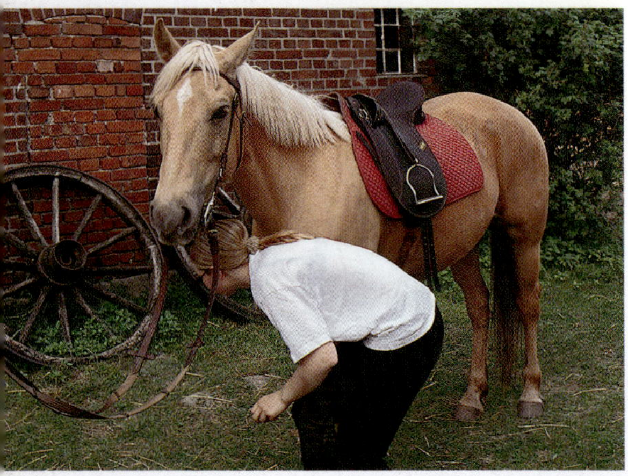

- Mache den Gurt im ersten oder zweiten Loch fest.
- Gib dem Pferd und dir zehn bis 15 Minuten Zeit für ein zwei- bis dreimaliges Nachgurten vor oder nach dem Aufsitzen.
- Lass die Steigbügel herab.

Guten Ritt!

Beim Absatteln gibt es ebenfalls Tricks:

- Schiebe die Steigbügel auf die am Sattel anliegenden Riemen hoch. Stecke dann beide Riemen durch die Steigbügel.
- Löse den Gurt und halte ihn fest, bis du ihn sachte unter den Pferdebauch gleiten lassen kannst.
- Fasse den Sattel am Sattelkranz an und ziehe zuerst den hinteren Teil des Sattels in einer runden Bewegung zu dir herunter. So kommt der Sattel leicht mit.
- Die Zügel kannst du dabei mit leichter Hand festhalten oder sogar loslassen, während du mit dem Pferd sprichst.

Deine Aufgaben beim Satteln sind,

- dem Pferd einen passenden Sattel auszusuchen: Kaufe den Sattel nicht aus dem Katalog, sondern lass ihn vom Fachverkäufer auflegen. Den besten Eindruck, ob der Sattel passt, gibt dir das Pferd. Es fühlt sich mit dem Sattel wohl.
  Im Halten und im Schritt liegt der Sattel genauso mit Gurt wie ohne Gurt. Auch in der Wendung verliert das Pferd den Sattel ohne Sattelgurt nicht. Das Fell unter dem Sattel bleibt

Den Gurt sachte herunterlassen, den Kopf bei der Vorhand lassen, wenn du nach dem Gurt greifst: sachte angurten.

glatt bis nach dem Reiten. Du tust dir einen Gefallen, wenn der Sattel dir passt und dem Pferd. Der eine Sattel holt dich in den guten Sitz hinein, Du hast also das Gefühl, als ob das Reiten plötzlich ganz leicht geht und bequem ist. Ein schlecht passender Sattel kann dich aus der Bewegung heraus setzen und du glaubst, alles läuft schief. Für dich ist ein Sattel nur dann interessant, wenn deine Suche nach einem guten geschmeidigen Sitz unterstützt wird.

- einen Sattelgurt auszusuchen, der bequem ist und die passende Länge hat: Ledergurte sind meistens bequem und auch die üblichen normalen Gurte. Unbequem sind häufig dünne Gurtstrippen oder elastische Kunststoffgurte. Der Gurt muss so lang sein, dass du mühelos und ohne zu zerren die ersten zwei Löcher angurten kannst.

Merke:

- Ein Pferd ist nicht mit Sattel geboren und auch du bist ohne Sattel immer noch ein Reiter! Sättel sind sehr haltbar und dürfen daher alt sein und aus zweiter Hand. Der Vorteil ist, dass sie dann eingesessen sind und billiger.
- Einen schlecht sitzenden Sattel solltet ihr ausmustern. Dein Pferd wird davon krank.
- Sei cool und nett zu deinem Pferd beim Satteln. Ich selber sattele meine Pferde immer persönlich und auch die der Reitschüler, solange diese noch kein sicheres Gefühl dabei haben.

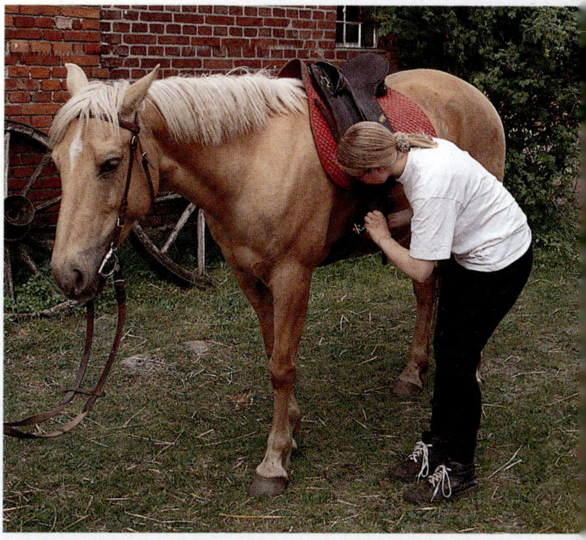

Vergleicht Claras und Ann-Kathrins Positionen zum Pferd beim Abhalftern und Auftrensen. Clara steht zu weit hinten.

Ich lerne Auftrensen

DIE TRENSE IST MEIN BALANCEHELFER

Stelle dir einmal Folgendes vor: Du bist in einer Turnstunde. Du hast große Lust, dich zu bewegen und du willst alles gut machen. Du darfst loslaufen und dein Steuermann will die Richtung bestimmen und dich manchmal anhalten. Dafür bekommst du ein Ledergeschirr auf den Kopf und ein Metallstück in den Mund mit zwei Zügeln daran. Wie möchtest du jetzt gelenkt oder angehalten werden? Wahrscheinlich sachte eingeleitet, vorbereitet und klar in der Ansage. Soll es wehtun? Nein! Sollen der rechte und der linke Zügel sich widersprechen? Nein!

Willst du in deinem natürlichen Rhythmus, Gangmaß und Tempo bleiben? Ja! So geht es auch dem Pferd.

Kann man ein Pferd auch ohne Trense lenken und anhalten? Ja, man kann! Das Pferd reagiert auf die Gedanken des Reiters, auf die Gewichtsverlagerung und auf die Informationen, die dem Reiter aus den Händen und Beinen fließen.

Die Zäumung, und das ist in unserem Kulturkreis hauptsächlich die Trense, kann dich dabei optimal unterstützen. Mit der Zäumung oder der Trense kannst du dein Pferd besser lenken, besser anhalten und auch besser gymnastizieren, sodass

Das Gebiss kommt ins Maul und die Trense wird hochgezogen.

es Muskeln entwickeln kann, die ihm helfen auch mit Reiter leicht, locker und im Gleichgewicht zu gehen. Die Trense ist ein prima Werkzeug. Sie ist dein Balancehelfer.

Sie muss immer sauber und das Leder soll weich sein. Sie muss passen. Das Genickstück darf nicht an den Ohren kneifen und das Stirnband nicht zu kurz sein. Das Backenstück soll nicht zu kurz sein und nicht zu lang (ein bis zwei Falten am Maul dürfen sichtbar sein). Der Nasenriemen soll nicht zu eng sein und das Gebiss nicht zu schwer, nicht zu dick und vor allen Dingen nicht zu kurz. Wie dick genau sie sein muss, das hängt von jedem einzelnen Pferd ab, da Pferde unterschiedlich grosse Köpfe haben.

Jedes Pferd soll sich mit seiner Trense sichtbar wohl fühlen. Dann streckt es sich der Trense entgegen und nimmt das Gebiss fast von selber an. Es kaut ruhig und leise klimpernd auf dem Gebiss und lässt den Hals lang.

Du kannst viel dafür tun, dass dein Pferd sich mit seinem Kopfstück so wohl fühlt. Das Auftrensen ist etwas kompliziert und man muss sich ein bisschen geschickt anstellen. Deshalb lernst du es erst, wenn du dich im Kopf- und Halsbereich des Pferdes durch das Streicheln und Putzen wohl und sicher fühlst.

Merke:

- Stelle dich als Erstes links neben den Kopf des Pferdes, fast unter seine Kehle.
- Lege die Zügel oben über deinen linken Unterarm.

Fein die Haare raufen, Nasenriemen zumachen, Kehlriemen schließen, Kinnkette anpassen. Clara, das Gemeinschaftswerk ist fertig.

- Halte deine linke Hand gespreizt direkt unter das Gebiss und halte mit der rechten Hand beide Backenstücke fest oder das Genickstück.
- Halte die Trense dem Pferd vor. Mit der rechten Hand, die du unter dem Pferdekopf auf die andere Kopfseite geführt hast, hältst du die Trense an den oberen Teil des Nasenrückens (mit den Backenstück) oder an die Stirn (mit dem Genickstück).
- Mit der gespreizten linken Hand hältst du das Gebiss direkt unter das Maul.
- Wenn das Pferd unruhig mit dem Kopf ist, kannst du es mit deiner Stimme beruhigen. Bewege dich am Pferd mit beiden Händen mit, wenn es den Kopf bewegt.
  Du hast eine ziemlich gute Möglichkeit, dem Pferdekopf die Trense ruhig vorzuhalten.
- Lege deinen linken Daumen jetzt in den linken Maulwinkel des Pferdes und reize ihn mit kleinen Bewegungen. Dadurch wird das Pferd sein Maul leicht öffnen. Du kannst das ohne Trense üben.
- Erst wenn das Maul sich leicht öffnet, kannst du mit der rechten Hand das Gebiss an den beiden Backenstücken oder dem Genickstück nach oben ziehen. Drück ihm nicht einfach das womöglich noch kalte Metall gegen die Zähne, das ist unangenehm.
- Halte deine Hände nicht vor den Pferdekopf oder über den Pferdekopf, sondern immer dicht an den Pferdekopf.
- Schieb das Genickstück über die Ohren. Diese Bewegung muss flott und sanft sein. Manches Pferd mag es lieber, wenn du die

Prüfe ob der Nasenriemen und der Kehlriemen nicht zu eng sind. Gehe dafür dichter an den Pferdekopf heran und stecke die Finger (nicht so tief) rein.

Ohren einzeln nach vorne knickst und vor das Genickstück bringst. Das andere Pferd mag es gerne, wenn du beide Pferdeohren flach nach hinten anlegst und das Genickstück darübergleiten lässt. Auf gar keinen Fall die Trense so hoch ziehen, dass die Ohren gar nicht geknickt werden müssen, denn dann reißt du dem Pferd in den Maulwinkeln herum.

Dein Pferd ist zwar aufgetrenst, aber es flattern noch alle Zubehörteile und Riemchen herum, sofern deine Trense komplett ausgestattet ist.

- Zupfe die Mähne und den Schopf oder die Stirnhaare an ihren Platz, damit nichts drückt. Schließe den Kehlriemen.
  Für eine aufgestellte Handkante mit vier Fingern sollte Platz zwischen Kehlgang und Kehlriemen sein.
- Schließe den Nasenriemen, ohne das Pferd an seinen Backenhaaren zu zerren. Der Nasenriemen darf nur so eng sein, dass du noch zwei Finger darunter stecken kannst.
- Schließe den unteren Nasenriemen ebenfalls eng, jedoch nicht festgezurrt. Wenn das Pferd sein Maul beim Reiten öffnet, soll es durch das Reithalfter daran erinnert werden, sein Maul wieder zu schließen.
- Wenn du eine Kinnkette hast (zum Beispiel beim Pelham oder dem Kimblewick), drehe diese rechtsherum aus, bis sie flach anliegt. Hake sie links so ein, dass sie erst eng wird, wenn du den dazugehörigen Hebel am Trensengebiss 45 Grad vom Maul weg nach hinten bewegt hast.

Jetzt ist dein Pferd aufgetrenst und darauf kannst du sehr stolz sein. Einfach ist das nicht. Man hat sich schnell verwurstelt und sein Pferd damit sauer gemacht. Lass dir lieber so lange beim Trensen helfen, bis du die Sache gut alleine kannst. Damit hilfst du dem Pferd. Ein Gefühl für deinen Standort und deine Bewegungen stellt sich ein. Du hast dir die Methode abgeguckt. Dann kannst du loslegen!

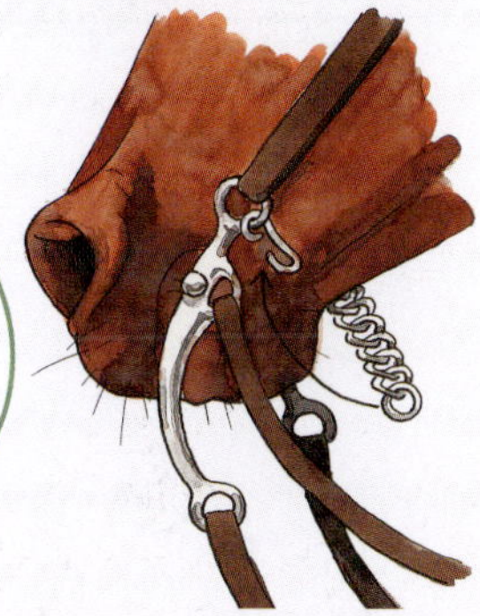

Das Linda-Tellington-Jones (LTJ), auch Rollerbit genannt, in korrekter Ausführung mit Kinnkette und zwei Zügeln.

Merke dir für das Auftrensen:

- Nimm es dir nur vor, wenn du dich locker und im Bilde fühlst.
- Übe an einem Pferd, das sich gerne auftrensen lässt.
- Atme weiter und verhalte dich humorvoll und freundlich. Die Stimmung rund ums Pferd ist beim Auftrensen wichtig.

Auch das Abtrensen soll dem Pferd leicht und angenehm vorkommen:

- Hebe die Trense nicht über die Ohren, ziehe und reiße nicht daran.
- Lass sie langsam nach vorne über die Ohren gleiten und halte sie, bis das Pferd das Gebiss herausgekaut hat.
- Bleib dabei gelassen, das ist nett von dir.

Eine kleine Gebisskunde

Es gibt viele verschiedene Gebisse. Denn viele Reiter glauben, dass sie die Probleme, die sie mit ihren Pferden haben, über diese Gebisse und ihre Wirkungen lösen können. Je nach Form, Dicke und Material und danach, wo der Zügel angebracht ist, haben die Gebisse eine andere Wirkung im Maul des Pferdes. Gebisse sollen deinem Pferd helfen, dich zu verstehen und seine eigene Balance zu finden. Bevor du einfach nur die Zügel in die Hand nimmst, solltest du dich darüber informieren, wie das Gebiss wirkt, das du deinem Pony in das Maul legst. Denn danach musst du dich mit der Sanftheit deiner Hände richten.

Ich zeige hier die fünf Gebissformen auf, die wir im Ponyclub benutzen:

Die einfach gebrochene Trense

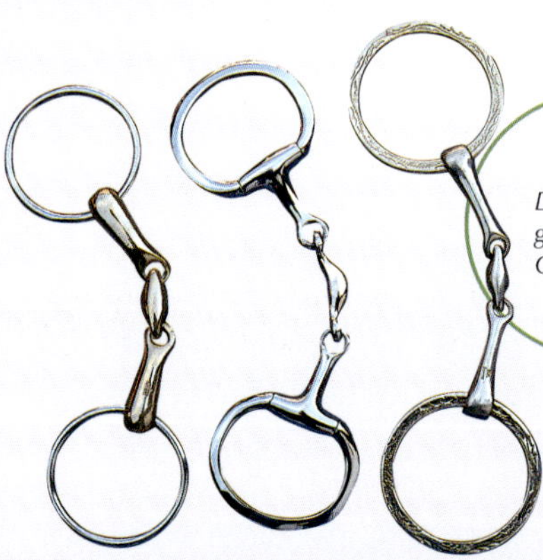

Das doppelt gebrochene Gebiss

DIE EINFACH GEBROCHENE TRENSE

Sie wird im Ponyclub am häufigsten eingesetzt. Aber durch ihre Nussknackerwirkung (wenn du stark an beiden Zügeln gleichzeitig ziehst, dann entseht ein spitzer Winkel, der dem Pferd die Zunge einquetscht und sich in den Gaumen bohren kann) ist sie nicht immer weich in ihrer Einwirkung. Wenn das Pferd den Kopf richtig hält, dann drückt sie leicht auf die Lade des Pferdes und in den Maulwinkeln, was sie auch soll. Je nach Vorliebe und Maulgröße des Pferdes gibt es sie in dünn und leicht oder etwas dicker und schwerer.

DAS DOPPELT GEBROCHENE GEBISS

Dadurch, dass es in der Mitte noch einmal gebrochen ist, hat es nicht die schmerzhafte Nussknackerwirkung wie die einfach gebrochene Trense. Viele Pferde werden zum Kauen und Zungenspiel angeregt, was entspannt (wenn es nicht zu viel wird) und finden mit diesem Gebiss eine bessere Balance. Die Hilfen, die du mit der Hand gibst, kommen aber viel undeutlicher und „nuscheliger" im Maul an, da das Gebiss selbst sehr beweglich ist.

DAS PELHAM

Dieses Gebiss hat kurze Hebelanzüge an der Seite, in die du jeweils zwei Zügel einschnallen kannst oder so wie hier ein Paar mit einem kleinen Zügelsteg. Dabei hat der Reiter nur einen Zügel in der Hand, wirkt aber gleich zweifach – am Anfang und am Ende des Hebels – auf das Pferd ein. Durch die Kinnkette und die Hebel wirkt die Hand nicht nur auf die Lade und die Maulwinkel, sondern auch auf das Kinn des Pferdes. Gleichzeitig bekommt das Pferd, wenn die Hebel ganz nach hinten gezogen sind, auch noch hinter den Ohren (Genick) mit der Trense eine leichten Druck (Impuls) und soll so dazu angeregt werden, den Kopf zu senken. Ich setze das Pelham ein, wenn ein Pony mit dem Trensengebiss offensichtlich unausbalanciert und hart im Maul ist oder sehr dickköpfig.

Das Pelham passt auch kleinen Ponys. Sie haben Respekt und eine bessere Balance. Der Reiter behält seine feine Hand, da er nicht immer gegen das büffelige Pferd angehen muss.

Das Pelham

DAS KIMBLEWICK

Das ist ein Mittelding zwischen Trense und Pelham. Man nennt es auch Springkandare, wenn das Metallstück in der Mitte gar nicht gebrochen ist, also wirklich eine durchgehende Stange. Es gibt dieses Gebiss als Stange (Kandare) und in der Mitte einmal gebrochen (Trense). In ihrer Wirkung liegt sie ebenfalls zwischen Trense und Pelham, da die D-förmige Gebissringen keine so große Hebelwirkung haben. Um überhaupt eine Wirkung zu bekommen, muss man das Kimblewick ebenfalls mit Kinnkette einschnallen.

Das Linda-Tellington-Jones-Gebiss (LTJ)

DAS LINDA-TELLINGTON-JONES-GEBISS (LTJ)

Dieses Gebiss wird auch Rollerbit genannt. Es eignet sich besonders gut für Pferde mit großen Mäulern. Die langen Hebel an der Seite müssen beweglich sein. Ein Rollergebiss wird immer mit Kinnkette und zwei Zügeln geritten. Es ist sehr schwer und auch sehr scharf! Deswegen darfst du es nur unter der Anleitung und Aufsicht deines Reitlehrers benutzen. Obwohl es so scharf sein kann, ist es vielen Pferden durch sein Gewicht, die Rolle und seine Einwirkung auf das Genick sehr ange-

Ein gut passendes Lindel. Jedes Pferd, dass mit einem scharfen Gebiss trainiert wird, sollte auch wie hier gebißfrei gehen lernen.

nehm, da es sie dazu anregt in einer reiterlich günstigen Dehnungshaltung zu laufen. Der Reiter wird durch dieses Gebiss zu einer beweglichen und feinen Reiterhand erzogen.

DIE KINNKETTE

Die gibt es in ganz verschiedenen Ausführungen. Die Westernkinnkette ist bereits von sich aus flach, wenn nicht sogar aus Leder. Die normale Kinnkette musst du unbedingt so ausdrehen, dass ihre einzelnen Metallösen wie ein flaches Band aussehen, damit sie dem Pferd angenehm ist und eine richtige Wirkung hat. Die Kinnkette wird so locker oder eng verschnallt, dass sie erst dann am Kinn wirkt (also fester anliegt), wenn der Hebel des Gebisses einen 45-Grad-Winkel zur Maulspalte hat. Sie wirkt durch diesen Druck am Kinn auf das Pferd.

DAS LINDEL UND DAS HALFTER

Alle Pferde sollten lernen, gebissfrei nur mit Halfter oder Lindel gearbeitet zu werden. Sowohl die Ponys und Pferde als auch der Reiter lernen dabei, sich mehr auf die Gewichts- und Sitzhilfen zu konzentrieren als auf die Zügeleinwirkung. So werden beide zu einer schönen Selbstkontrolle erzogen.

Ein Pferd galoppiert aus Freude

Der Galopp

HURRA! WIR HABEN GO!

Wenn Pferdeherden lange Strecken reisen wollen, ziehen sie meistens im Trab. Wenn sie angreifen oder fliehen und wenn sie sich wirklich riesig freuen, dann galoppieren sie. Dein Pferd galoppiert vor Freude am schönen Wetter und am Spiel mit seinen Freunden. Dein Pferd galoppiert, weil auf sandigem Boden der Reitweg so schön lang ist, und es galoppiert, um ein Rennen zu gewinnen.

Der Galopp mit Sattel und Reiter ist für euch beide nicht einfach. Das Pferd muss erst lernen, seinen Galoppsprung in eine Richtung kraftvoll durchzubringen, denn es muss ja immer vier Beine „sortieren" und dann noch einen oftmals wackeligen Reiter. Es muss sich bemühen, dabei den Reiter nicht zu verlieren, sondern mitten in sei-

Das Pferd muss mit Sattel und Reiter den Galopp kraftvoll durchbringen.

nen Rücken hinein mitzunehmen. Das ist geradeaus einfacher als in der Kurve und im Gelände leichter als in der Reitbahn.

Für den Reiter ist der Galopp auch nicht einfach. Es ist die einzige Gangart, die eine Art von Sprung in sich hat. Zudem unterscheidet sich der Rechtsgalopp vom Linksgalopp. Das Pferd ordnet sich also natürlicherweise rechtsherum anders, als wenn es linksherum läuft.

Der Galopp fängt mit dem äußeren Hinterbein an; dann kommen gleichzeitig das innere Hinterbein und das äußere Vorderbein. Zum Schluss greift das Pferd mit dem inneren Vorderbein lang und weit ausladend nach vorne durch. Wenn das rechte Vorderbein dann nach vorne durchspringt, handelt es sich meistens um den Rechtsgalopp und wenn das linke Vorderbein weit durchgreift, handelt es sich meistens um den Linksgalopp. – Meistens! Denn manchmal mogelt dein Pferd auch. Es macht Beinsalat. Das nennt man dann Kreuzgalopp. Kreuzgalopp kannst du nach einiger Übung erfühlen. Er fühlt sich nämlich im Rücken deines Pferdes und somit unter deinem Po verwickelt an. Außerdem kann man im Kreuzgalopp nicht schneller galoppieren.

Im Ringen ums Gleichgewicht reitet Clara den Galopp mit zu kurzem Zügel.

Beim Galopp gibt es für dich als Reiter zwei Schwierigkeiten:

- Er ist schnell und hoch im Sprung. Er ist daher schwer zu sitzen.
- Er ist schnell und das Pferd bekommt Spaß daran. Du bist vielleicht nicht ganz sicher, ob du es anhalten kannst.

Das Pferd hat im Galopp drei Schwierigkeiten zu bearbeiten:

- Oft veranlasst der Reiter oder der Reitlehrer den Galopp, ohne dass du als Reiter ihn wirklich gewollt hast. Deine Stimme und deine reiterlichen Hilfen sagen dann: „Galopp!" Währenddessen sagt dir deine Stimmung: „Bloß nicht so schnell" und „Hoffentlich falle ich nicht herunter" und „Eigentlich möchte ich lieber Trab." Gedanken und Vorstellungen laufen in Bildern und so kann dein Pferd die Doppelbotschaft aus deinem Kopf herauslesen – und ist verwirrt.
- Die zweite Schwierigkeit ist der häufig zu kurze Zügel im Galopp. Der Galopp braucht so viel Platz im Zügel, dass die Schwebephase mit dem Sprung für den Galopp und der dazu vorgreifenden Schulter des Pferdes auch stattfinden kann. Der Hals will im bequemen

Jagdgalopp ist wundervoll.

Bogen vor dem Pferd sein. So viel Platz musst du im Zügel lassen.

- Und drittens: Dein Pferd wohnt und arbeitet in einem sehr beengten Lebensraum. Eine Reithalle oder eine Reitbahn ist für jedes Pferd sehr klein, um sich mit Reiter zu bewegen. Selbst ohne Reiter kann es sich auf Paddocks und kleinen Weiden nur schwer mit dem zügigen Galopp geradeaus und in der Kurve üben. Manche Pferde haben noch nicht einmal eine Kindheit auf großen Weiden verbracht, andere stehen im Winter sechs oder acht Monate fest in einem Stall. Es gibt immer noch Pferde, die jahrelang nicht auf die Weide kommen, weil sie als Reitpferde ‚dienen'. Den Galopp unter diesen beengten Bedingungen – und dann auch noch mit Sattel und Reiter – muss das Pferd erst lernen.

Im Galopp zu reiten macht Spaß! Wenn dein Pferd ausgelernt hat, kann es den versammelten Galopp, der erhaben, gesetzt und langsam ist. Es kann den Arbeitsgalopp, ein natürliches, rundes, freies Tempo. Es kann dann den Jagdgalopp. Der Jagdgalopp ist das druckvolle Galopptempo des Jagdreiters, wenn er hinter einer Hundemeute her galoppiert. Er ist auch heute noch eine Trainingsart, die man in Reitbüchern und im Unterricht findet und die man immer wieder beim Ausreiten mit

Galopp funktioniert auch ohne Sattel und Trense sowie einhändig oder freihändig geritten.

einbauen sollte. Beim Jagdgalopp läuft das Pferd sehr zügig voran – es will den fliehenden Fuchs im Wald einholen. Dabei geht es gehorsam und rittig an deinem Sitz durch sein Genick in deine Hand. Trotzdem seid ihr sehr schnell – und dabei

fühlst du dich sehr im Einklang und sehr sicher.

Wenn du ungefähr zwei Jahre geritten hast – und schon zwölf Jahre alt bist oder älter – könntest du diese Galoppgangarten schon gelernt haben. Ich sage es dir gleich: Meistens ist das nicht der Fall.

Was passiert stattdessen?

- Dein Pferd hat das Laufen verlernt. Es müht sich in einen müden und matten Galopp.
- Dein Reitlehrer lässt dich irgendwie galoppieren, weil es zum Reitunterricht dazugehört.
- Du willst vielleicht gar keinen Galopp reiten und wählst das kleinste Übel aus – und nur für kurze Strecken.

Entwickelte Pferde sind solche, die dauerhaft und über einen langen Zeitraum in Ausbildung sind. Willst du ein entwickelter und guter Reiter sein, brauchst du ebenfalls eine Langzeitausbildung bei einem guten Reitlehrer.

Entwickelte Pferde lernen für ihre Reiter und für die Vorstellung auf Reitturnieren den so genannten Mittelgalopp und starken Galopp. Dabei werden die Galoppsprünge nicht schneller, sondern länger über viel mehr Boden, kraftvoller und raumgreifender. Das sieht toll aus und erfordert eine hohe Stufe von Gleichgewicht zwischen Pferd und Reiter. Außerdem kommt dein Pferd immer wieder frisch vor deinen Schenkel. Das bedeutet, dass

Ponyrennen macht Spaß.

es sich durch das Vorspringen die Hilfen von deinem Reiterbein neu abholt.

Wundervoll und supertoll ist der Renngalopp. Spaziergänger mögen es nicht, wenn man an ihnen vorbeirast. Wo also Menschen, Hunde, Autos oder Kinderwagen auftauchen könnten, da gehört der Renngalopp nicht hin. Große Springplätze, Stoppelfelder, Riesenkoppeln oder private und öffentliche Rennbahnen sind der geeignete Ort. In meiner Kindheit, so um 1960, gab es auf vielen Reitturnieren ein Ponyrennen als Schaunummer für das Publikum. Ich habe vieler solcher Rennen mit meinem Pony Prinz geritten. Später wurden diese Ponyrennen dann abgeschafft, weil zu viele Ponys in die falsche Richtung rannten und Ähnliches. Mein Pony rannte nicht in die falsche Richtung und ich hatte immer sehr viel Spaß. Allerdings hatte ich auch eine sehr gute Reitausbildung.

Den Ponys und Pferden macht der Renngalopp ebenfalls Spaß. Sie trauen sich dann was. Sie arbeiten sich aus. Manche geraten in das so genannte Rennfieber. Das Rennfieber ist für den Reiter unpraktisch, da sein Pferd dann sehr hitzig wird. Deswegen ist der Renngalopp nicht für jeden Reiter geeignet.

Die Hilfen zum Galopp sind vielfältig:

- Dem Galopp musst du ein Wollen vorausschicken.
- Versetze dich in die Stimmung vom Galopp und sage dreimal laut: Galopp! Galopp! Galopp!
- Die Gerte ist dein Taktstock. Setze deine Gerte dreimal 1 – 2 – 3 oder sechsmal 1 – 2 – 3 – 4 – 5 – 6 zum Angaloppieren ein. Setze deine Gerte am Hinterbein des Pferdes ein, auf der Kruppe oder an der Schulter.
- Mit deinem Po kannst du eine Schaukel anschwingen. Teile in Gedanken dein Gesäß in zwei Hälften. Schwinge mit der rechten Pobacke den Rechtsgalopp an. Dabei kommt dein Gesäßknochen abwärts – vorwärts - aufwärts. Der rechte Gesäßknochen (auch Sitzbeinhöcker genannt) für den Rechtsgalopp oder der linke Gesäßknochen für den Linksgalopp. Die Pferde lernen schnell, nur auf die Einwirkung der Gesäßknochen zu reagieren.
- Stelle im Galopp dein Hüftgelenk nicht fest (das machen die meisten Reiter, die vor dem Galopp Angst haben). Das Hüftgelenk ist der Knochen, der als Scharnier wirkt zwischen Bein und Po. Wenn du stehst, ist der Hüftgelenkswinkel offen und wenn du kniest, ist er zu. Erlaube im Galopp das Öffnen und Schließen des Hüftgelenks.
- Erlaube im Galopp die leichte Schrittstellung der Beine. Beim Rechtsgalopp ist das rechte Bein vorne und liegt abwärts entlang dem Gurt flach an. Das linke Bein ist etwas weiter hinten und liegt etwas hinter dem Gurt flach an, wie die Bilder es zeigen.

Wenn du dein Bein für eine Reiterhilfe benutzt, dann tust du das mit den Bereichen vom Oberschenkel bis zur Mitte der Wade. Die Hacke spielt so gut wie keine Rolle. Es ist wie beim Gehen. Um den Impuls zum Gehen zu geben, brauchst du das Hüftgelenk und entlang dem Oberschenkelknochen das Knie. Im Fußgelenk und der Fußsohle übernimmst du die Bewegung. Wenn du das Pferd mit deinen beiden zur Bewegung bereiten Beinen in Schrittstellung einrahmst, dann unterstützt du den Galopp. Festgestellte Hüftgelenke und Fußgelenke und ein klammerndes Knie stören den Galopp.

- Du hast ein gutes Gefühl für den Galopp, wenn du die Körperteilung zulässt, also das Gefühl von linker und rechter Körperseite. Es ist wie beim Pferdchensprung zu Fuß. Rechte und linke Körperhälfte arbeiten nicht symmetrisch.

Genau so sitzt du auch beim Galopp auf dem Pferd.

Diese Pferde brauchten den Galopp nicht zu verlernen.

Der Pferdchensprung nach rechts entspricht dem Rechtsgalopp. Dabei kommt die rechte Körperhälfte in eine große Bewegung und die linke Körperhälfte ist in der Gegenrichtung unterwegs und macht in einem kleineren Verlauf nacheinander mit. Galoppieren heißt nicht: „Schieben, Schieben, Gegensitzen!", Galoppieren heißt vielmehr **Ta – DAM – Pam; Ta – DAM- Pam**

- Reite den Galopp erst dann auf großen Wegen und freien Strecken, wenn du gelernt hast das Pferd zum Anhalten und Verlangsamen durchzuparieren. Reite also anfangs nur kleine Strecken geradeaus im Galopp oder mit einem gut ausgebildeten Pferd auf der Zirkellinie.

Halte die Zügel in mittlerer Länge elastisch hin. Spüre immer hinein, ob das Pferd für seinen Galoppsprung mehr Raum und damit auch mehr innere Zügelfreiheit braucht.

Für den Galopp gilt: Den Galopp musst du wollen und nicht sollen! Er gehört nicht zwangsläufig zur Reitstunde dazu.

Das Pferd allerdings muss galoppieren. Es ist ohne Galopp nicht glücklich. Der Galopp ist gut für sein Herz und für seine Lunge sowie seinen Stoffwechsel. Wenn du selber nicht galoppieren möchtest, dann suche einen anderen Reiter, der mit deinem Pferd einmal in der Woche galoppiert.

Teile dir die Sprünge ein, die dein Pferd in seiner Lebenszeit hat.

Die Sicherheit des Reiters

ICH WILL MICH SELBER SO WENIG WIE MÖGLICH IN GEFAHR BRINGEN!

Beim Reiten und beim Umgang mit dem Pferd gibt es viele Unfälle. Du willst doch bei deinem Hobby, bei deinem Sport, bei dem Umgang mit deinem Freund Pferd nicht ernsthaft zu Schaden kommen? Um Gefahren abzuwenden, kannst du eine Menge planen, auswählen, organisieren und richtig handeln. So habe ich es erlebt – und so soll es nicht sein:

Erstes Beispiel:

60 Pferde und Ponys sind in Boxen und Ständern aufgestallt. Sonntags bis um 12.00 Uhr darf geritten werden, dann erst wieder am Dienstag Nachmittag. Die Pferde dürfen nicht ablongiert werden. Deswegen buckeln, steigen und quietschen sie natürlich am Dienstag mit ihren Reitern durch die 60 Meter lange Reithalle. Pferde sind Bewegungstiere und dürfen auf keinen Fall lange im Stall stehen, ohne einen täglichen eigenen Bewegungsfreiraum zu bekommen.

Zweites Beispiel:

Ein Mädchen trainiert sein Pony in der Springstunde des benachbarten Reitvereins. Das ist rich-

Pferd und Reiter müssen sich wohlfühlen am Arbeitsplatz.

Nele und Mäxchen in geschützter Umgebung im friedlichen Galopp geradeaus.

tig. Auf dem Nachhauseweg hält es in der Kieskuhle an. Das Mädchen ist ehrgeizig und will dort für ein Turnier üben. Das Pony springt gerne und hat Talent. So springen sie beide und springen und springen. Das Pony ist übermüdet und stürzt. Das Mädchen verunglückt schwer! Es „sitzen" nur so und so viele Sprünge in einem Pferd. Das betrifft den Tag und die Woche. Sein ganzes Pferdeleben lang kannst du aus jedem Pferd nur eine bestimmte Anzahl von Sprüngen herausholen. Lerne die Anzeichen von Müdigkeit und den Kräftehaushalt deines Pferdes kennen, dann kannst du auch sehr viel springen und galoppieren.

Drittes Beispiel:

Zweimal ist es vor meinen Augen passiert. Das Pferd betritt die Bahn. Beim Aufsitzen dreht es sich fluchtartig um und verlässt im Galopp die Bahn. Im einen Fall springt das Pferd über die Bandentür und läuft bis in die Box hinein, im anderen Fall tut es das sogar mit Reiter und springt dabei über die halboffene Bandentür. Das Pferd hatte Angst vor seinem Arbeitsplatz. Sogar Panik.

Tipp: Wenn das Pferd Panik kriegt, macht es dasselbe wie du, wenn du richtig Angst hast. Es hält die Luft an, macht sich steif, rennt vor allen Dingen davon: Es denkt nicht mehr nach. Mache dein Pferd vertraut mit allen Arbeitsplätzen, bevor du es dort reitest. Erst muss es sich an der Hand oder an der Longe sicher fühlen. Sonst bist du in Gefahr.

Viertes Beispiel:

Das sportliche Pferd Luzifer lebt hinter dem Haus. Seine Pferdefreundin ist eine uralte Isländerdame.

Wenn du dein Pferd nicht einseitig trainieren willst, kannst du zum Beispiel das Kompliment einüben.

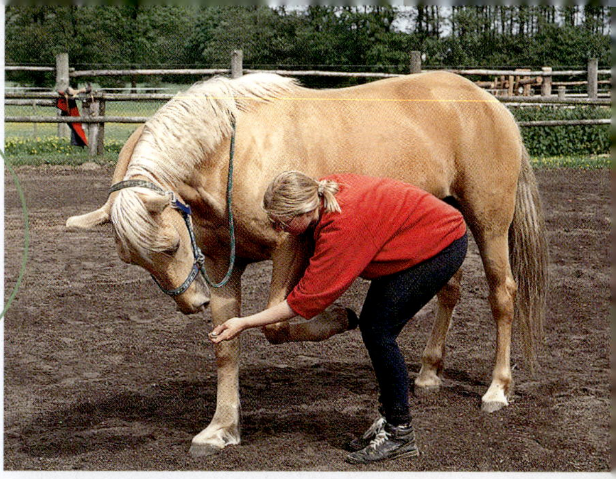

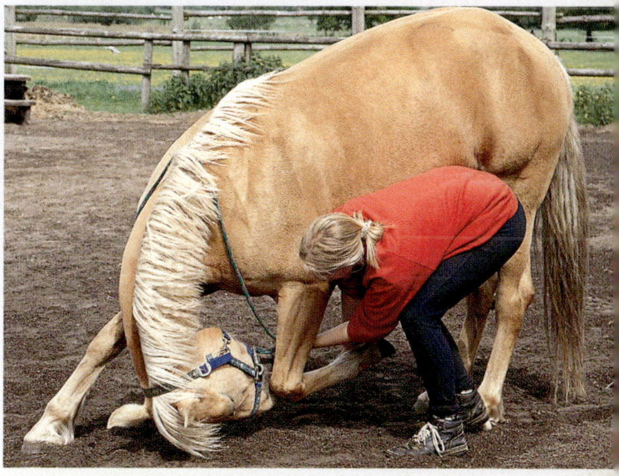

Beide Pferde bewegen sich wenig. Das eine Pferd mag die Sonne nicht und das andere keinen Matsch. So halten sie sich abwechselnd draußen auf. Gemeinsam unternehmen sie wenig. Die Besitzerin ist ein geselliger sportlicher Typ. Sie reitet gerne flott und in Gemeinschaft. Leider hat sie wenig Zeit! Wen sie dann Zeit hat, geht sie auf Distanzritte, reitet kleine private Rennen auf Stoppelfeldern oder mal eine Fuchsjagd mit. Bei der letzten Fuchsjagd hat Luzifer alle überholt, auch den Master, das ist der Reiter der immer ganz vorne ist und den man niemals überholen darf. Luzifer kam sogar vor den Hunden an. Freundlich sagte der Master des Hauptfeldes: „Sie haben aber Mut! Das würde ich mich nicht trauen." Luzifer ist ins Rennfieber gekommen. Seine durch das Herumstehen unentwickelte Muskulatur meldet ihm keine Müdigkeit mehr. Er läuft gegen sich, gegen seinen Reiter und gegen die Aufgabe an. Er kann den Reiter nicht mehr hören und fühlen. Er kann nicht mehr unterscheiden, zum Beispiel bei der Fuchsjagd rhythmisch und gleichmäßig zu laufen und beim Stoppelfeldrennen alles zu geben. Für den Reiter ist das Rennfieber immer gefährlich. Auf der Rennbahn – wohin es gehört – kann man es am ehesten bearbeiten. Doch wer hat die schon! Also müssen wir aufpassen, es gar nicht erst dazu kommen zu lassen.

Es gibt noch viele Beispiele, wie Reiten nicht sein soll, doch häufig gerade so stattfindet.

Dein Leitsatz sollte sein: Ich will mich selber so wenig wie möglich in Gefahr bringen. Und dabei möchtest du mit deinem Pferd sportlich reiten, abwechslungsreich leben und viel Spaß haben.

Am besten geht das so:

- Reite mindestens ein Jahr mit einem Lehrer an zwei bis drei Tagen in der Woche. Es schadet auch nichts, wenn du zehn Jahre mit einem Lehrer reitest. Achte darauf, dass der Lehrer alle Situationen mit dir einübt, denen du auch alleine begegnest.

Lerne die Regeln für einen ruhigen Ausritt.

- Trainiere dein Pferd nicht einseitig. Übe mit deinem Pferd auf vielen verschiedenen Arbeitsplätzen. Nimm dein Pferd dafür an die Longe oder an die Führkette. Wenn du es alleine nicht schaffst, nimm dir einen Korrekturreiter, der dein Pferd vom Sattel aus durch alle Situationen bringt.
- Reite nicht allein aus, sondern in einer harmonischen Gruppe, die zu dir passt und auf dich Rücksicht nimmt, wenn du Angst bekommst. Vertraue dich einer sicheren Führung an. Wenn du alleine ausreitest, darfst du ruhig absteigen und dein Pferd führen, wenn die Lage brenzlig wird.
- Lerne die Bahnregeln, denn sie dienen der Sicherheit. Bei den Bahnregeln meldest du dich an oder ab, wenn du die Bahn betrittst oder verlässt („Tür frei!"). Warte eine Antwort ab („Ist frei!"). Begib dich mit deinem Pferd in der Bahn zum Aufsitzen an den dafür angewiesenen Platz (meistens ist das die Mittellinie oder eine Ecke). Orientiere dich an der Bahnordnung des jeweiligen Hofes, was man darf und nicht darf. Sie unterscheiden sich geringfügig, dienen aber deiner Sicherheit.
- Reite nicht auf der Stallgasse oder in die Box. Dort passieren sehr viele Unfälle mit tödlichem Ausgang. Das alleine ist schon ein Grund, es nicht zu tun.
- Lerne die Ausreitregeln. Achte darauf, ob der Boden für die gewählte Gangart geeignet ist Reite an Fußgängern, Fahrradfahrern, Traktoren und Autos im ruhigen Schritt entlang und grüße. Reite in der Gruppe Kopf an

Halte alle Pferde, mit denen du umgehst, berührbar. Streiche sie auch mit einer Gerte ab.

Schweif (Pferde, die gerne ausschlagen, müssen mit einer roten Schleife im Schweif gekennzeichnet sein oder vorher bekanntgegeben werden). Auf ruhigen Landwegen könnt ihr auch zu zweit nebeneinander reiten. Reite die Tempi Schritt, Trab und Galopp im Gelände zügig mit relativ langem Zügel. Wenn es nötig ist dein Pferd unterzuordnen, ihm zu sagen, wer Chef ist, dann tu das ruhig und bestimmt, indem du es kurzfristig mit kurzem Zügel nach rechts oder links einstellst (Kopf und Hals biegen). Übe das vorher mit Reitlehrer in der Bahn.

Verschaffe dir im Gelände einen Gefahrenüberblick, etwa so: „Aha, da ist Stacheldraht" (darin kann sich das Pferd erheblich verletzen). „Die Motorräder sind aber gewaltig schnell unterwegs!" „Da vorne ist ein Schweinestall (Pferde mögen oft keinen Schweinegeruch)". Stell dich dann gedanklich sehr klar auf dein Pferd ein: „Ich bin der Reiter, mein Pferd verlässt sich auf mich. Schweine, Motorräder und Stacheldraht werden unwichtig.

Mein vortreibendes und mein seitwärts treibendes Reiterbein und mein Lenken sind für das Pferd wichtiger." Wenn du selbst aus Angst verkrampfst, dann überträgst du diese Angst erst recht auf dein Pferd.

Für die Sicherheit des Reiters im Umgang mit Pferden und beim Reiten ist eine erste Pferdekunde wichtig. „Es beißt vorne, es tritt hinten, es schmeißt einen ab oder rennt davon. Kurz: Es trachtet dem Reiter nach dem Leben." Das alles ist richtig, nur wann reagiert es so und wodurch?

- Achte darauf, dass alle Pferde, mit denen du umgehst, sich berühren lassen mögen. Das heißt, dass du sie mit der flachen Hand und mit einer Gerte streicheln oder abstreichen kannst. Viele Pferde fühlen sich aus Nervosität und als Ergebnis von falscher Behandlung nicht sicher bei Berührung und reagieren daher am Putzplatz und beim Reiten falsch.

- Füttere dein Pferd diszipliniert und nicht zu oft. Etwa ein Leckerli beim Einfangen und eines nach dem Reiten. So ist es bei mir die Regel. Alles restliche Futter gehört in die Futterkammer oder nach Absprache mit dem Futtermeister in die Futterkrippe. Die Pferde richten sich auch auf diese Ordnung ein und handeln dann nicht instinktiv gierig. Sie fangen so gar nicht erst an zu betteln und zu zwicken.
- Weise dein Pferd an seinen Platz ein. Stelle dir das vor wie im Zirkus, wenn der Tiger auf sein Podest springt. „An den Platz!" Weise das Pferd mit der Hand oder Gerte und mit der Stimme und dann: „So ist es brav!" Du wirst dich dabei

ertappen, dass du viel eher sagst: „Mann, Billly, was soll das denn?“ „Hör endlich auf, Mäxchen!“ Du kannst es gut üben, damit du wie ein Zirkusdirektor handeln kannst: „An den Platz, Billy!“ „Braaav!“ So ist es sicherer.

- Ob von einem Pferd Gefahren ausgehen, hängt auch davon ab, welche Rangordnung es in der Herde hat. Das kannst du gut beobachten, wenn Pferde zusammen grasen oder vor dem Füttern. Beobachte und erfrage, welches Pferd sich bei welchem anderen Pferd unwohl fühlt und diese Angst an den Arbeitsplatz mitnimmt. Erfrage die Situation, wer vor wem Angst hat. Führe oder reite das rangniedrige Pferd immer zügig am anderen Pferd vorbei. Beide Pferde wissen dann, dass es sich um einen Arbeitsvorgang handelt, sie also dich als Leittier akzeptieren und ihre eigenen Streitereien auf später verschieben müssen. Reite das zänkische ranghöhere Pferd deutlich auf Unterordnung und Gehorsam. Beim Reiten gibt es keine Streitgespräche zwischen Pferden. Zügel kurz, Beine ran und ein klares „Nein“ mit der Gerte. Tak - Tak - Tak - Tak. Du kannst deinem Pferd auch eine interessante reiterliche Aufgabe stellen. Reite zum Beispiel eine Acht oder eine Doppelvolte oder über einen Sprung. Dann bist du interessanter als der Streit!

„An den Platz! So ist es brav.“ Setze deinem Pferd sichere Grenzen.

Der Reiter ist in allen Situationen gefährdet, in denen er die Natur des Pferdes außer Acht lässt. Die Herde zieht immer, das heißt, dass das Pferd immer zu einer Gruppe von Pferden will. Der Stall zieht: Pferde wollen immer zum Fressplatz und zum Ruhepunkt. Dem musst du reiterlich vorbeugen, indem du in solchen Situationen intensiver reitest. Warte nicht erst ab, ob dein Pferd reagiert, denn dann hast du es viel schwerer. Sondern beschäftige es gleich mit einer spannenden Aufgabe. In erster Linie denke ich beim Thema Sicherheit an eine sichere Atmosphäre – im Reitstall und zwischen dem Quartett aus Reitschüler, Pferd, Reitlehrer und Reitgruppe. Ich hoffe, ihr habt es miteinander richtig gut und werdet fachlich auf einer hohen Stufe angeleitet. Ich hoffe, ihr reitet abwechslungsreich und eure Fehler sowie die eurer Pferde werden korrigiert. Dann bekommt ihr auch ein sicheres Gefühl.

Für die Sicherheit des Reiters ist es wichtig, dass sich das Pferd in seiner Umgebung sicher fühlt.

Die Sicherheit des Pferdes

MEIN PFERD KENNT DIE WELT – UND MICH!

Für die Sicherheit des Reiters ist es wichtig, dass das Pferd sich in seiner Umgebung sicher fühlt. Dafür muss es sich selber kennen und es muss sich in seiner Welt auskennen. „Augen zu und durch", das kann weder für das Pferd noch für den Reiter ein gutes Motto sein.

Ein Pferd, das sich in seiner Welt auskennt, hat es viel leichter, geschmeidig und elastisch zu sein, weil es keine unnötigen Ängste mit sich herumtragen muss. Ein solches Pferd bleibt viel länger gesund. Es atmet tief und regelmäßig und kann sich gut entspannen. Es gibt viele Pferde, die in der Box, auf dem Putzplatz, in der Reithalle oder im Pferdehänger Angst haben. Entweder haben sie keine Zeit bekommen, sich in den verschiedenen Situationen zu orientieren, oder sie haben durch ihre Aufzucht bedingt gar nicht gelernt hinzugukken oder schlechte Erfahrungen gemacht.

Ein Pferd, das sich in der Umgebung sicher fühlt, bewegt sich geschickt. Es hat Raumwahrnehmung. Es hat eine entspannte Beziehung von unten <=> oben, innen <=> außen, hinten <=> vorne.

Unten und oben in Wechselwirkung

Ein Pferd mit Raumgefühl weiß, wie hoch der Himmel über ihm ist und dass ihm weder die Wolken noch die Flugzeuge auf den Kopf fallen. Es weiß auch, wie hoch die Stalldecke ist und der Pferdehänger. Es richtet sich in diesen Raum ein. Wenn es sich mit Höhen über ihm nicht auskennt, kannst du es anlernen. Bringe ihm dafür mit einem Zupfen an der Führleine bei, den Kopf tief zu senken, halb hoch oder hoch zu halten. In deinem eige-

Masur muss die Höhe erst abschätzen, dann lässt er sich von Lara und Bambi mitnehmen.

nen Kopf brauchst du dafür den klaren Gedanken, wie tief, halb hoch oder hoch dein Pferd den Kopf halten soll. Mach in deinem Körper den Anfang der Bewegung von tief, halb hoch oder hoch. Führe dein Pferd dann unter etwas durch. Das kann eine Wäscheleine sein, eine Plastikplane, eine Stange oder ein Tunnel. Zeige dem Pferd die Höhe, indem du mit der Gerte oben anklopfst. Lobe dein

Lobe dein Pferd, wenn es sich den Boden und die Dinge anschaut… …bevor es sie bearbeitet.

Pferd, nachdem es tapfer an dir vorbei oder neben dir unter etwas durchgegangen ist. Mache dasselbe mit Sattel und Reiter, weil sich der Blickwinkel und die Höhe sowie das Selbstgefühl verändern, sobald jemand auf dem Pferd drauf sitzt. So bearbeitest du das Oben. Oben und unten stehen in einer Wechselbeziehung. Ein trittsicheres Pferd, das nicht immer stolpert, fühlt sich wohl. Es traut sich zu, den Reiter mitzunehmen. Das Fluchttier Pferd wird ein bisschen mutiger, wenn es merkt, dass seine Hufe und Beine ihm gehorchen, gut funktionieren. Seine Hufe müssen den Boden fühlen und greifen. Seine Beine sollen nicht steif sein oder sogar geschwollen und heiß. Sie sollen nicht wehtun. Mit Hufeisen ist das Pferd im Nachteil. Hufeisen rutschen auf Asphalt und oft auch auf Gras. Das Pferd kann sich dadurch nicht so sicher fühlen und dich dadurch nicht so sicher tragen. Nimm Rücksicht und beruhige es beim Reiten. Viele Pferde stolpern so viel, stellen sich nicht auf die Bodenverhältnisse ein, weil sie nicht hinschauen. Sie sind entweder Sternengucker und in Gedanken immer fluchtbereit, oder sie rollen sich ein, eingeigelt mit der Blickrichtung nach innen, weil

der Reiter ihnen durch zu kurze Zügel keine andere Wahl lässt.

Was kannst du tun, um deinem Pferd das Gefühl für den Boden zurückzugeben?

- Trainiere auf wechselnden Böden, damit dein Pferd übt. Die Hufe und Beine können sich dann auf alle Bodenarten einstellen.
- Stelle dein Pferd beim Reiten nicht nur mit stolz aufgerichtetem Hals und Kopf ein oder mit Unterordnung und Versammlung. Reite es vielmehr auch tief eingestellt, so dass es seinen Hals rund gewölbt vor sich halten kann, auch am hingegebenen Zügel lang und tief.
- Viele Pferde latschen mit gesenktem Kopf, sobald du die Zügel ganz lang lässt (was auch immer wieder erlaubt ist). Bei einem tief eingestellten Kopf, bei dem sein Hals eingerundet und vorgewölbt getragen wird, hast du immer wieder eine leichte Anlehnung, also Kontakt mit dem Zügel zum Pferdemaul. So lange und so leicht, bis das Pferd von sich aus den Weg nach unten sucht – ohne dabei den Kontakt über den Zügel zu dir und deiner Hand ganz zu verlieren.
- Lobe es, wenn es sich den Boden und die Dinge darauf anschaut und nicht einfach nur wegspringt.

Im Idealfall bringt dein Pferd diese Bodensicherheit aus seiner abwechslungsreichen, freiheitlichen Jugend mit, in der es sich, seinen Körper und seine Umwelt ausprobieren durfte. Ansonsten musst du mit ihm üben und seine Beine und Hufe sorgfältig in die Pflege miteinbeziehen.

Innen und außen

Ein geschmeidiges Pferd fühlt sich sicherer in seiner Umgebung als ein ungeschmeidiges. Wenn es das Wechselspiel von innen und außen beherrscht, kann es sich innen beugen und außen dehnen.

Es hat dann einen schönen Taillenschwung und eine gute Kurventechnik. Es traut sich durch enge Labyrinthe mit ihren starken Biegungen. Und ebenso traut es sich in der Reitbahn tief in alle Ecken hinein: Für das Pferd ist die Ecke ja eine Kurve, etwa wie ein Viertel einer Volte. Wenn der Reiter sich in die Biegung setzt, stört er das Pferd damit nicht, sondern nimmt es mit, so wie es ihn mitnehmen kann. Ein steifes Pferd wird dauernd unbeabsichtigt vom Reiterschenkel geschubst und weiß doch nicht, wie es sich richtig bewegen soll.

Gute Übungen, um die Balance deines Pferdes in der Wendung zu verbessern, sind das Freilongieren, das seitliche Übertreten des unausgebundenen Pferdes an der Hand sowie Touches, Massagen und Anwendungen: Sie helfen dem Pferd, sich des Unterschiedes zwischen rechter und linker Körperhälfte bewusst zu werden. Denn auch Pferde sind – genau wie du – Rechts- und Linkshänder.

Beim Freilongieren lässt du dein unausgebundenes Pferd am Halfter, an der Trense oder an der am Halfter befestigten Führkette als Longe im Kreis oder Oval laufen. Das Pferd gibt das Tempo vor. Deine Aufgabe ist es, genau hinzusehen: Wann und unter welchen Bedingungen bleibt dein Pferd geschmeidig auf der Kreislinie und beherrscht das

Umgebungssicherheit an den Seiten mit weit auseinander gehaltenen Planen und dann durch eine enge Gasse.

Wechselspiel der inneren und äußeren Körperhälften? Oder hast du das Gefühl, der Kreis ist zu klein, das Pferd wird nach außen geschleudert, fühlt sich nicht wohl? So groß, wie der Kreis beim Longieren vom Boden für das Pferd am angenehmsten zu sein scheint, so groß muss er später auch mit dir unter dem Sattel geritten werden. Das gleiche gilt für das Tempo.

Je nachdem, wie du selbst stehst, beeinflusst du das Tempo deines Pferdes – nur durch deine Körperposition. Um es abzubremsen stehst du in Kopf- oder auch Schulterhöhe. Die neutrale Position nimmst du ein, wenn alles so ist, wie du willst. Dabei stehst du ungefähr mittig zum Pferd, also in Höhe des Bauches. Um es anzutreiben stehst du an der Hinterhand (natürlich mit Abstand) oder noch weiter hinten. Mit diesen Körperpositionen bewegen sich die Pferde auch untereinander, das ist ihre Sprache. Halte die Longierleine immer geordnet in großen Schlaufen, so dass du weder

Die neutrale Longenposition unterstützt das Pferd und stört es nicht.

Zum Treiben stehst du in Höhe der Hinterhand und schickst das Pferd.

Das Pferd bremst! Peitsche nach vorn oder ganz passiv nach unten. Zum Abbremsen stellst du dich in Höhe des Pferdekopfes und drehst deine Schulter vor.

hineintreten noch sie um deine Hände wickeln kannst. Das kann gefährlich werden. Schicke das Pferd immer mal wieder in unterschiedlichen Abständen um dich herum, ohne selbst starr auf einem Fleck stehenzubleiben. Aber auf gar keinen Fall stundenlang immer auf dem selben Kreis, denn das ist ungesund. Das Pferd ist zwischen Longe und Longierpeitsche eingerahmt. Die Peitsche benutzt du, um das Pferd damit am Hals, an der Schulter, am Rumpf und der Hinterhand rhythmisch zu treiben.

Das seitliche Übertreten: Teste zuerst dein Pferd, ob es das Zeichen mit der Gerte zum seitlichen Übertreten aus seinen Reflexen heraus versteht. Halte es vorne kurz, jedoch nicht eng oder stramm. Klopfe es energievoll, aber sachte dosiert mit der Gerte hinten an, entweder am Unterschenkel oder am Röhrbein oder in der gebeugten Rippenpartie. Wenn es seitlich ausweicht, sagst du: „Braaav!“ Wenn es dabei noch mit dem inneren Hinterbein unter dem Bauch das äußere Hinterbein innen überkreuzt, sagst du wieder: „Braaav!“ Lass es so um dich herumtreten, drehe dich mit und betrachte das Pferd. Unter welchen Bedingungen ist es geschmeidig? Wenn du jetzt draufsitzen würdest, wie müsstest du dich in die Bewegung hineindrehen? Wie lang müsste der innere Zügel sein und wie lang der äußere? In welchem Takt, wo am Pferd und in welcher Dosierung setzt du die Gerte ein?

Durch Berührungen am Körper deines Pferdes kannst du viel für die Wendigkeit deines Pferdes tun. Sie sollen dazu dienen, das Pferd zu erkunden und es zu entspannen. Sie müssen immer angenehm für das Pferd sein, sonst macht es nicht mit. Du kannst es auch mit einem Staubtuch, Sisal-

Das seitliche Übertreten als Verbesserung der Balance in der Wendung.

tuch oder Wollschal streicheln. Wenn es sich gar nicht berühren lässt, solltest du es zuerst mit einer Gerte sanft abstreichen.

Versuche dann immer mal wieder, den Kopf und die Hüfte deines Pferdes zusammenzubringen. Fasse dafür auf derselben Seite mit zwei Fingern auf das Nasenstück vom Halfter und an den Schweif. Stelle dein Pferd so ein, dass die Nase zum Schweif zeigt und der Schweif zur Nase. Bringe dann mit sanft schaukelnden Bewegungen Schweif und Nase dichter zusammen. Beobachte, wie viel geschmeidiger in der Biegung dein Pferd jeden Tag wird.

Hinten und vorn in Wechselwirkung

Ein Pferd, das sich in der Balance von hinten nach vorne sicher fühlt, kann seinen Reiter besser in den Bewegungen mitnehmen. Teste, ob dein Pferd den Raum hinter sich wahrnimmt und einschätzen kann. Der Reflexpunkt für Rückwärtsrichten des Pferdes sitzt an der Bugspitze am Ende der Schulter. Kribbele mit Daumen und Zeigefinger in diese Bugspitze hinein. Fasse dabei den klaren Vorsatz und glaube auch daran: „Zurück!" Zupfe gleichzeitig etwas am Zügel nach hinten. Das ist eher wie ein Klingeln als ein Hacken oder gar Reißen! Übe mit dem Pferd das Rückwärtsgehen bis an eine Wand heran oder um eine Kurve. Gehe dabei immer wieder an die Kruppe und Hinterhand des Pferdes und klopfe es dort ab. Dann fühlt es sich hinten. Gehe wieder nach vorne. Lasse es dann wie in einer Schaukelbewegung zehn Schrit-

Eine trockene Rampe zu überqueren übt für das Reiten über Brücken und das Hängerfahren.

te zügig nach vorne machen und zehn Schritte zügig nach hinten. Lobe es dann mit einer Pause am hingegebenen Zügel. Denke viel weniger in den Kopf des Pferdes hinein und vielmehr nach hinten. Dahin, wo sein Motor sitzt. Da, wo die Angst zu Hause ist, denn das Pferd reagiert reflexartig mit einer schnellen Vorwärtsbewegung und die geht von der Hinterhand aus. Gewöhne die Kruppe und die Hinterbeine daran, dass du eine Leine drum herum legen kannst. Mache es leinensicher. Übe das mit einem Langzügel, einer Fahrleine oder Longe. Ab dann wird dein Pferd sich nicht mehr so leicht erschrecken, wenn ein Hund heranläuft oder ein kleiner Ast sich in seinem Schweif verwickelt. Berühre es dafür mit den Leinen. Wenn es ruhig stehen bleibt, dann kannst du es wie ein Postpaket wickeln. Aber immer so, dass es sich alleine wieder auswickeln kann, also ohne Knoten. Ein Pferd muss berührungssicher sein mit Gegenständen und den Wänden. Dann ist es viel sicherer mit dem Reiter.

Tipp: Mache mit deinem Pferd ein Angst- und Mut-Übungsprogramm. Lass es zum Beispiel über eine Plastikplane gehen, über eine Holzrampe oder durch einen Bach. Lass es durch Flatterbänder vortreten, im Schritt, Trab und Galopp – mit und ohne Sattel und Reiter. Hast du schon einmal davon gehört, was Polizeipferde alles können? Sie sind schusssicher und springen durch Feuerreifen oder Papierwände. Sie gehen ruhig durch den dichtesten Verkehr und halten lange still, wenn sie Spalier stehen für einen hohen Staatsgast. Alles das, was ein Polizeipferd kann, kannst du deinem Pferd auch zutrauen und zumuten. Du musst es nur in Ruhe mit ihm einüben. Dein Motto kann sein: „Wo die Angst ist, da geht es lang!" Denn ein umgebungssicheres Pferd mit Erfahrung und Mut garantiert dir sicheres Reiten.

Angst- und Mutübungen sind nicht in erster Linie ein Abhärtungsprogramm. Sie sind eher ein gemeinsamer Lernvorgang. Ihr lernt beide zusammen für bedrohliche Situationen:

- ein Einschätzen!
- das Probieren!
- das Wagen!
- das Lernen!

Das Pferd lernt für sich und für dich mit, und du lernst für dich und für das Pferd mit.

Ein Pferd, das sich mit seiner Lebensweise wohl und geborgen fühlt, ist sicherer für den Reiter. Hat dein Pferd ruhige Fressplätze mit genügend Kraftfutter und Heu? Hat es täglich – im Sommer und im Winter – einen genügend großen Auslauf und eine Weide als Spielplatz für sich und seine Freunde? Muss es Angst haben, auf der Koppel, in der Box oder beim Training bedroht und verängstigt oder gar verletzt zu werden? Achte darauf, dass dein Pferd weder vor anderen Pferden noch vor seiner Box, vor deinen Mitreitern oder Reitlehrern Angst zu haben braucht. Dafür kannst du erwarten, dass dein Pferd alles mit dir lernt und alles für dich gibt, und das angstfrei und daher elastisch, geschmeidig, willig und leichttrittig. Wenn dein Pferd nicht mit dir zusammenarbeitet, kannst du einen guten Trainer um seine Unterstützung bitten. Fange mit den leichtesten Angst- und Mutübungen an, damit du und ein Pferd zu einem gemeinsamen Erfolg kommen.

Der Sitz des Reiters

PRAKTISCH, STABIL, GESUND, SPORTLICH!

Nicht am Zügel festhalten, ihr beiden!

Wenn du auf dem Pferd sitzt und dich wohl fühlst, kannst du anfangen, über deinen Sitz nachzudenken. Du kannst in vielerlei Weise oben sitzen und einiges reiten. Es gibt jedoch in jeder Situation auf dem Pferd nur eine Möglichkeit, die wirklich praktisch ist. Es gibt die Position, in der du am sichersten stabil bist. Es gibt die Möglichkeit, die am allermeisten gesund ist. Und es gibt die Haltung, die am sportlichsten ist.

Du kannst dir jetzt also leicht denken, dass dein Pferd sich wohl fühlt, wenn du an deinem Sitz arbeitest. Die meisten Pferde sind nämlich empfindlich im Hals, im Rücken und auf den Hufen und Beinen. Du kannst ruhig ein schwerer Reiter sein, wenn du gelernt hast, dich leicht und wirkungsvoll auf dem Pferd zu halten.

Die erste goldene Grundregel lautet:

Nicht am Zügel festhalten. Wenn du noch nicht sicher bist, dass du zügelunabhängig reiten kannst, dann fasse in einen Halsriemen, das Sattelriemchen oder in die Mähne. Du brauchst nur einen Finger jeder Hand einzuhängen. Das Pferd wird es dir danken. Stelle dir einfach vor, du hast eine Eisenstange im Mund und dein Gepäck wird daran festgebunden. Manchmal reißt noch mal einer dran oder fummelt hin und her. Du würdest dankend ablehnen und genauso geht es dem Pferd.

Also: Nicht am Zügel festhalten!

Die zweite goldene Regel lautet: Finde deinen Po im tiefen Punkt des Pferderückens oder des Sattels. Was heißt es denn, sein Gesäß zu finden? Die Kehrseite, die Südseite. Es heißt, dich dort fühlen und wohl fühlen.

So ist es richtig, Lisa!

> Nur zum Spaß und zum Üben: Kneife deine Pobacken fest zusammen und mache den Beckenboden zu, also drücke auch die Muskeln zusammen, die innen liegen, so weit du sie spürst! Mit einiger Übung kannst du dann merken, wie du jetzt vom Sattel herausgehoben wirst und wie krampfig alles ist.

Du kannst danach versuchen, deinen Po und den Beckenboden wieder locker zu lassen, dorthin zu atmen. Dann spürst du zwei Gesäßhälften, die sich tief ins Pferd hineinsetzen. Lass dich mitnehmen vom Pferd in den Trab, in den Galopp und vor allem in die Kurve. Alles, was du nicht fühlst und wo du dir fremd bis, kannst du dir über ein wiederholtes Hindenken heranziehen. Manch ein Reiter findet sofort sein Gesäß auf dem Pferd – im Pferd. Andere brauchen jahrelang, obwohl sie vielleicht schon Turniere reiten. In deinem Gesäß sitzt der Motor und die Richtung deiner Bewegung. Also: Finde deinen Po!

Goldene Grundregel Nr. 3: Wenn du weißt, wo deine Füße sind, kannst du die Sitzordnung bestimmen. Lass dir nicht von verqueren Anweisungen und unbequemen Reitschuhen den Gebrauch deiner Füße verderben. Ein Fuß soll auf dem Boden stehen! Wenn der Boden zu weit weg ist, weil das Pferd zu groß ist, soll er das Gefühl für den Boden behalten. So, als wenn du auf der Wippe sitzt und zwar den Boden verlassen hast, ihn aber gleich wieder findest. Der Steigbügel soll nur der hochgehobene Erdboden sein. Stelle den Fuß daher tief in den Steigbügel hinein – etwas hinter den großen Zehenballen ist die Trittfläche. Stehe im Sattel auf und spüre das Gewicht deiner Beine im Steigbügel. Setze dich sanft wieder hinein in den Sattel und behalte das Gefühl im Steigbügel vom Gewicht der Beine. Deine Knie, Waden und Ober-

Laras und Claras Popos rutschen nach links und nach rechts!

Lea bleibt schön in der Mitte sitzen.

Alle Popos sind in der Mitte.

schenkel sollen nicht drehen, schaukeln oder klammern. In deinen Fußgelenken brauchst du nicht abzuknicken oder zu spannen. Dafür kannst du eine Menge tun. Dein Ziel ist, dass das Reiterbein mit der Innenseite flach anliegt und deine Füße einen flachen, soliden Stand im Steigbügel finden, bei dem du die Fußsohle, die Zehenrichtung und alle Zehen spüren kannst. Übe das flach anliegende Reiterbein und den soliden und doch entspannten Steigbügeltritt mit mehreren Steigbügellängen.

Jetzt hast du Stabilität, mit der du trotzdem in den Gelenken federn kannst.

Wenn du dich an die goldenen Grundregeln über Hände, Gesäß und Füße und Beinlage hältst, dann hast du den Sitz des Reiters im Wesentlichen bearbeitet. Die Aufrichtung, die du dir im Oberkörper antrainierst, sollte dann relativ sein. Das bedeutet, dass es davon abhängt, wie weich dein Pferd schwingt und wie viel Übung du in der jeweiligen Sitzposition oder Aufgabenstellung hast. Der knallharte Grundsatz vom Geradesein auf dem Pferd braucht für dich nicht zuzutreffen: Zu leicht kannst du dann versteifen, verspannen oder dich gegen die vorgegebene Bewegung einstellen. Wenn du elegant zu Pferde sitzen möchtest und dabei sportlich wirksam werden willst, kannst du probieren, dich mit deinem Oberkörper vorwärts, aufwärts, hoch und leicht auszurichten, während du im Gesäß tief einsitzt und deine Füße Stand haben.

Wie kannst du dir zur relativen Aufrichtung verhelfen?

- Richte deine Haltung über deinen Kopf, den Hals und über deine Augen aus. Dein Hals darf lang und länger werden, Wirbel für Wirbel, wie

Die Unterschenkel weichen nach hinten aus oder die Beine rutschen nach vorne weg.

Jetzt unterstützen die Beine und Füße den Körper.

bei einer Giraffe, die ein Blatt vom Baum holen will. Balanciere deinen Kopf auf dem Hals aus und lasse ihn sanft kreisen.

- Folge mit den Kopfbewegungen den frei umher schauenden Augen, deinem umher schweifenden Blick. Wenn du auf das Pferd starrst oder in dich hinein, verlierst du deinen guten wirksamen Sitz. Der Blickhorizont und die Augenhöhe leisten den besten Beitrag zu einem aufrechten Sitz.

- Knirsche aber nicht mit den Zähnen, sondern halte den Kiefer entspannt und frei beweglich. Lass die Lippen locker und verkrampfe deine Zunge nicht. Lass ein Lächeln von innen aus dir heraus wachsen. Jetzt hast du schon viel für eine gute Haltung getan.

- Denke dann deinen Rücken beweglich. Mal hältst du ihn rund, wie die Katze auf dem Dach. Ein anderes Mal im Hohlkreuz, wie ein alter Karrengaul. Irgendwo dazwischen kannst du deinen Rücken flächig einrichten. Stelle dir vor, jemand, den du magst, streichelt deinen Rücken kräftig durch, damit dir wohlig und angenehm wird. Ein solcher hingehaltener Rücken nimmt Bewegung auf und lässt sie durch.
- Stelle dir vor, dass du eine Marionette am Faden bist. Lasse deine Wirbelsäule am Marionettenfaden aushängen. Nach und nach kannst du dich im Rücken in einzelnen Wirbeln spüren.

Ab jetzt bist du viel beweglicher. Wenn du beweglicher bist, freut sich dein Pferd. Es kann dann besser schwingen beim Laufen.

Kennst du deine Gesäßknochen, auch Sitzbeinhöcker genannt? Du kannst sie anstellen, lotrecht, auf ihre Spitze. Jetzt sitzt du aufrecht, während der letzte kleine Knochen hinten am Gesäß, dein Steißbein nämlich, entspannt herunterhängt, wie bei einem Krokodilsschwanz.

Halte im Grundsitz dein Steißbein so entspannt, wie ein Krokodil seinen Schwanz.

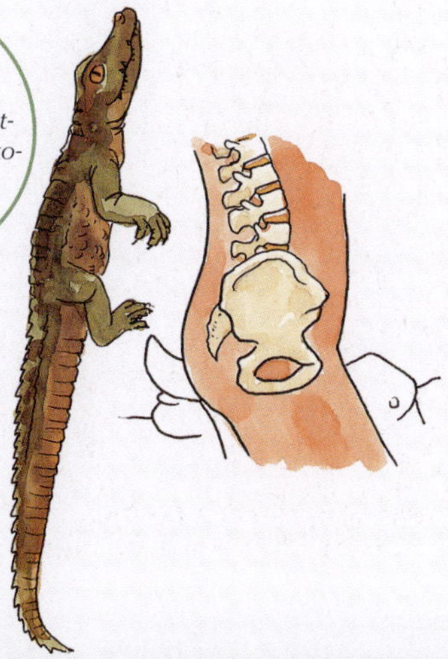

Anna setzt sich ins Hohlkreuz und Ann-Kathrin macht sich im Bemühen um Aufrichtung steif.

Ein runder Rücken lässt wenig Bewegungsimpulse durch.

Kennst du auch deine Rippen? Ein Test für Beweglichkeit ist es, wenn du über dich und hinter dich schauen kannst. Oder über deine rechte Schulter nach hinten und deine linke Schulter nach hinten. Auch wenn du geschmeidig unter den Armbeugen durch nach hinten gucken kannst, hast du eine gute Beziehung zur Beweglichkeit deiner Rippen. Schaue zum Abschluss deinen Bauchnabel entlang abwärts zum Erdmittelpunkt hin.

Ein freier Brustkorb mit den vom Atem bewegten Rippen gibt dir die Möglichkeit, tief in den Pferderücken einzusitzen und dich gleichzeitig aufzurichten.

Denke in den Armen und Händen nach vorne, als wolltest du einem guten Freund herzlich und einfühlsam die Hände geben. Halte die Handgelenke und die Fingergelenke dabei beweglich, als wolltest du ein Instrument spielen. Übe deine Hände zu vibrieren, zu öffnen oder zu schließen. Hast du schon einmal eine Ziege oder Kuh gemolken? Einen Schwamm ausgedrückt, ein Vögelchen festgehalten? So ähnlich sollten sich deine Hände auf dem Zügel anfühlen, dann kommt dein Pferd gerne zu dir zurück.

Du kannst dich noch so toll aufs Pferd setzen, dein Sitz wird nicht funktionieren, wenn du verklemmt atmest.

Finde deine Atmung (und die des Pferdes). Auf einem Pferd, das flach atmet, solltest du dich unwohl fühlen. Es hat nämlich die ganze Zeit Stress und Angst. Wenn du flach oder unrhythmisch atmest, fühlt sich dein Pferd ebenfalls unwohl.

Der Atem ist der Strom des Lebens. Puste, lache, seufze oder sage „Muh“. Dann ähnelt dein Atem dem eines Pferdes, das wohlig abschnaubt.

Jetzt könnt ihr euren Sitz einrichten.

Die Grundlage für ein Ordnen in deinem Sitz ist weiterhin die Losgelassenheit. Wenn man dir nachhaltig ‚gute Haltung‘ beigebracht hat, musst du wahrscheinlich die Losgelassenheit neu lernen. Trau dich was, trau dich, absichtlich auf dem Pferd müde und dösig auszusehen. Lasse alle Glieder schlapp und locker hängen. Wecke dich dann sanft auf. Räkele und strecke dich in alle Richtungen und schüttele alle Glieder aus, wie beim Zappeln oder beim Tanzen. Spanne dann den Körper an. Freiwillig! Selbstbewusst! Nimm die Haltung eines Königs oder Königin ein, eines Tangotänzers oder eines stolzen Tieres.

Sei weit, hochgezogen, spannungsreich. Jetzt hast du eine gute Grundspannung im Körper für Aktion! Mache dann eine Pause.

Wenn du wissen willst, wo du auf dem Pferd eingerichtet bist, kannst du deinen Sitz in Linien ordnen:

- Denke senkrecht. Alles ist im Lot. Das Lot ist ein Bleigewicht, dass durch die Anziehungskraft der Erde immer genau senkrecht nach unten fällt. Atme. Das Denken im Lot ist das Geheimnis stabiler Kraft. Ordne dich so, dass eine senkrechte Linie von deinem Genick durch deinen Unterkörper und den Schwerpunkt zum Boden führt.
- Denke waagerecht. Denke weit. Wenn du weit denkst, brauchst du dich nicht schief zu halten. Halte dich weit in den Schultern und waagerecht mit den beiden Steigbügeln über dem Boden. Halte dich weit und waagerecht im Ausdruck der Augen und in den Gesäßknochen zum Sattel. Jedes Weiten hilft dir, dich zum Bewegungsablauf des Pferdes hin zu

Ein schönes Bild – denke mit der rechten Hüfte und der rechten Hand weiter nach vorne, Ann-Kathrin.

öffnen. Dein Pferd kann dann besser schwingen.

- Lerne die Diagonalen auf dem Pferd kennen. Denke von der rechten Schulter in die linke Hüfte und von der linken Schulter in die rechte Hüfte. Hebe deine Arme. Denke von der rechten Hand in den linken Fuß und von der linken Hand in den rechten Fuß. Denke die Diagonalen lang und symmetrisch. Wenn du dich in den Diagonalen einrichtest, brauchst du dich auf dem Pferd nicht mehr so eng zu halten, zu klammern oder zu schieben. Eine Diagonale überquert beide Körperhälften. Du kannst sowohl abwärts denken zum Boden, der trägt, als auch aufwärts für die Leichtigkeit. Jetzt kannst du stabil sein und doch wechselseitig elastisch. Du kannst jetzt Hilfen für einen guten Sitz bekommen. Bringe sie zum Leben.

- Übe alle Gangarten ein, aber nur kurze Strecken und solange du dich wohl fühlst. Das Pferd dankt dir diese Freundlichkeit mit einem schwingenden Rücken. Baue deinen Sitz vom Gesäß aus auf. Denke also mit dem Po und nicht mit dem Kopf.

- Horche! Schaue! Fühle hin! Rede nicht! Das Pferd richtet sich auf deinen Sitz ein und kommt zu deinem Sitz zurück. Versuche nicht, ruhig und starr zu sitzen, sondern bleibe im Pferd und am Pferd, das sich ja auch permanent bewegt.

Sei dir im Klaren, dass manche Sättel, manche Pferde und manche Trainingseinheiten ungeeignet sind, dich gut hinzusetzen. Ordne dich dann in Gedanken und in der Gestalt zur bestmöglichen Grundposition.

So ist es gut.

Die Hilfen
1. Das Treiben:
WIR HOLEN SCHWUNG

Deine Wirbelsäule verhält sich beim Aufrichten nicht wie eine Säule sondern wie eine Spiralfeder.

Wenn du diesem Lehrbuch gefolgt bist, dann kannst du dein Pferd selber für das Reiten fertig machen, indem du es putzt, sattelst und auftrenst. Dann sitzt du jetzt schon recht gut auf dem Pferd und bist in allen Gangarten geritten. Nun kannst du lernen, Sitz und Einwirkung mit deiner Planung, deinen Vorhaben, übereinander zu bringen. Du lernst etwas über die reiterlichen Hilfen, mit denen du dein Pferd bestimmst.

Weißt du schon, wie du Schwung holst, Anlauf nimmst oder „Auf die Plätze, fertig, los" reitest? In der Reitersprache nennt man deine Hilfen dazu das Treiben.

Wenn du dein Pferd in Gang setzen willst, musst du dir als Erstes ein klares Bild zum Vorhaben machen. Fasse den klaren Gedanken „Schritt", „zügiger" oder „angaloppieren". Mache dir in deiner Vorstellung und in deinen Gedanken ein Bild vom gewünschten Bewegungsablauf. Versuche, ehrlich mit dir selber zu sein, ob du wirklich in die höhere Gangart hineintreiben willst.

Schon deine klaren Gedanken bereiten deine Position vor. In deinem Gehirn wird an die Glieder und an die Muskeln die Bereitschaft weitergeleitet, dich neu zu ordnen. Setze dich dann in die erforderliche neue Position, die zu der gewünschten Gangart passt. Du kannst zum Beispiel zum Antraben den Zügel verkürzen und dich erhabener hinsetzen. Für das Angaloppieren kannst du dich in Schrittstellung hinsetzen und dir im Zügel die Bereitschaft für einen längeren Zügel vorstellen. Willst du vom Halten aus in den Schritt anreiten, musst du alle Glieder von der Ruhe auf die Bewegung einstimmen, ohne zu zappeln. Wenn du zappelst, machst du dein Pferd unruhig. Wenn du deine Glieder lockerst, bekommt dein Pferd Informationen. Zum Beispiel die Ansage: Gleich galoppieren wir an. Im Halten ist dein Körper ruhig. Er ist bewegungsbereit. Du hältst ihn in einer bewegungsbereiten Stille. Vergiss das Atmen nicht. Dann kannst du munter werden. Lockere unauffällig deine Schultergelenke und Schulterblätter, deine Hüftgelenke, deine Handgelenke und Finger. Lege mit der Stimme ein leises Schnalzen an. Ordne dich in die Richtung, in die du losreiten möchtest. Reite immer in eine Richtung an. Du machst es dir selber sehr schwer, wenn du geradeaus anreiten möchtest.

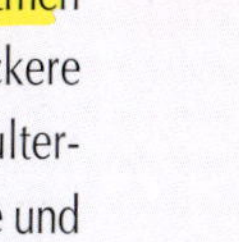

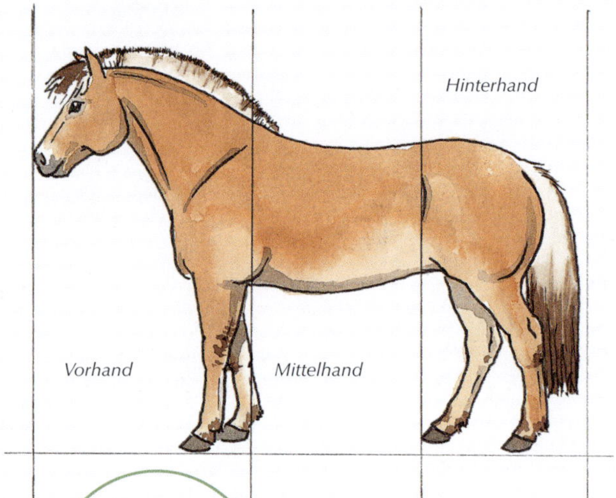

Das Pferd läßt sich einteilen in Vor-, Mittel- und Hinterhand.

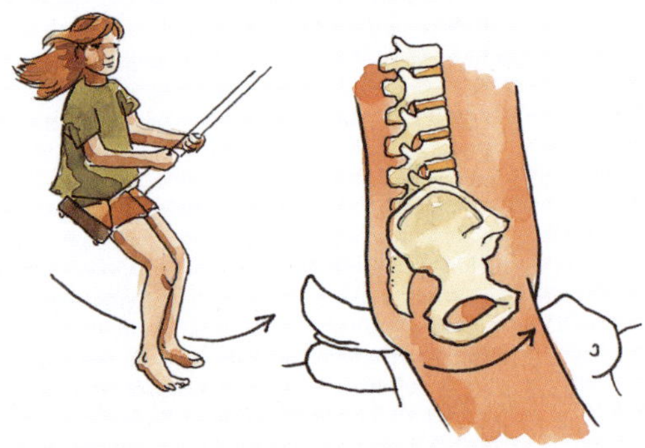

Mit dem Schwersitz bringst Du auch eine Schaukel in Schwung.

Das Geradeaus ist immer schwerer zu bearbeiten als eine Richtung. Überlege dir also, ob du nach links oder rechts anreiten, antraben oder angaloppieren möchtest, und halte diese Richtung auch durch. Wechsele nicht frühzeitig, bevor das Treiben abgeschlossen ist.

Zum Treiben gehört auch ein Längerwerden in deinem Körper, wenn du selbst bereits einen guten Ausbildungsstand hast und das Pferd dadurch aufmerksam ist. Du willst das Pferd nach vorne losschicken? Dann werde groß und größer. Groß werden heißt nicht starr werden. Lang werden heißt immer in beide Richtungen ausfedern wie bei einer Spirale: in Schwingungen längen. Dann bekommt das Pferd Vorwärtsimpulse und kann sich unter dir neu ordnen um loszuziehen.

Treiben aus dem Sitz kann auch heißen, dich etwas nach hinten zu lehnen und im Gesäß schwer zu sitzen. Jetzt nimmst du den so genannten Schwersitz ein. Dabei ist dein Becken etwas nach hinten gekippt. Du sitzt so, wie du auch eine Schaukel anschwingen würdest. Im Schwersitz vorantreiben zu wollen heißt, den Korrektursitz für etwas dickfellige Pferde einzunehmen. Manche Pferde schalten den Tempogang sehr zurückhaltend und langsam ein. Meistens wurden sie über Jahre am Vorwärtsgehen gehindert und glauben dir gar nicht, dass du nach vorne weg willst. Im Schwersitz nach hinten geneigt mit dem abgekippten Becken anzutreiben kann auch sinnvoll sein bei sehr unausbalancierten Pferden. Zum Beispiel ein Pferd, das zu zwei Dritteln seines Körpers hinter deinem Sitz her läuft. Das kannst du dir gut so vorstellen: Ein Rennpferd läuft so, dass seine Hinterhand nach hinten rausläuft. Es springt mit ihnen kurz unter den Bauch, holt neuen Schwung und katapultiert sich dann mit lang gestrecktem Rücken nach vorne und die Beine nach hinten. Der Reiter steht praktisch über dem Pferd, weit nach vorne gebeugt. Bei einem Reit-

pferd wollen wir das nicht. Es soll wenn möglich immer mit einem sanft aufgewölbten (und nicht nach unten weg gedrückten) Rücken laufen. Dazu nimmt es seine Hinterhand mehr unter den Bauch. Es nimmt damit sein und dein Gewicht auf. Es versammelt sich. Tut es das nicht, dann hast du das Gefühl, als wenn zwei Drittel des Pferdes – nämlich die Hinterhand – immer hinterher läuft und nicht mit und unter dir.

Dein Ziel sollte sein, mit dem ersten und zweiten Treibimpuls die Hinterhand des Pferdes anzusprechen. Das Pferd soll gewissermaßen mit seinem Hinterteil unter dir durchkrabbeln und vor dir wieder auftauchen. Eher sitzt es unter dir wie ein Hase, als dass es sich hinter dir wie ein Tandemfahrrad anfühlt, bei dem der zweite Sitz leer ist.

Das vortreibende Reiterbein legt sich sanft an den Pferdebauch, es schließt am Pferd. Du darfst dein Pferd nach vorne drängeln, ohne dabei zu klammern oder zu kneifen. Das ist gar nicht so einfach, denn du musst erst herausfinden, wie hellhörig dein Pferd ist. Außerdem musst du lernen, deine Vorwärtsansage zu dosieren und vorübergehend einzustellen, wenn dein Pferd schon losgelaufen ist. Dein quirliges Quengeln beginnt in deinen Hüftgelenken und läuft über deine Knie abwärts zum oberen inneren Teil deiner Waden. Aufwärts läuft deine Vorwärtsvibration deine Wirbelsäule hoch bis zu einem Federn hinter deinen Schulterblättern und in deinem Genick. Vorwärts läuft dein Drängen von den bewegungsbereiten Schultern über die federbereiten Ellbogen durch eine energiereiche, zum Geben bereite Hand nach vorne. Mit den Füßen treiben wir in der Regel nicht. Der Fuß darf alle Bewegungen nach unten durchlassen. Zwei bis drei Strafstöße mit den Fersen dürfen mal sein, wenn das Pferd deine feinen Ansagen verpennt.

Ich persönlich kann den Gebrauch der Sporen als vortreibende Hilfe nicht akzeptieren. Der Sporen sollte erst zum Einsatz kommen, wenn das Pferd sehr gut ausgebildet und damit hellhörig ist. Der Sporn übersetzt alle Hilfen verfeinert. Dafür ist er gut. Zum Aufspießen ist er nicht geeignet. Und wie sollte das Pferd durch seine Benutzung auch verstehen, energiereich voran anzutreten?

Demgegenüber ist die Gerte – als Taktstock eingesetzt – ein gutes Mittel zum Übersetzen der Vorwärtsinformation. Viele Pferde haben das Antreten verlernt und viele Reiter sind noch mit dem Oben-Bleiben auf dem Pferd beschäftigt und können ihr Treiben daher nicht einteilen. Mit der Gerte dosiert angetippt, steckt das Pferd mehr Energie in den vom Stock berührten (touchierten) Körperteil. Und es läuft etwas ermuntert, vielleicht gar erschreckt davor nach vorne weg. Setze die Gerte nie nur einmal ein. Das wirkt erschreckend, bestrafend und drohend und erzeugt Widerstand.

Übe es, die Gerte im Takt mit dem Pferd dreimal, sechsmal oder neunmal im Galopp einzusetzen oder zweimal, viermal, sechsmal oder achtmal im Schritt und Trab. Achte darauf, wo du die Gerte einsetzt, zum Beispiel an der Schulter, der Kruppe oder dem Oberschenkel. Pass auf, dass du dabei nicht versehentlich am Zügel ziehst. Öffne deine Hand, damit der Zügel durchläuft. Den Gebrauch der Gerte kannst du ohne Pferd einüben, damit du weißt, ob du in deiner Bewegnung mitmachen kannst.

Zum Halten gehört Grundruhe vor dem Reiten und beim Reiten ... und eine gelassene Stimmung auch vor der Schau.

Neulich sagte Siggi so nett zu mir: „Aber ich will dem Pferd doch nicht wehtun!“ Nett, lieb, gut gemeint! Aber das Pferd hat loszulaufen, wenn wir es verscheuchen. Das gilt neben uns, vor uns und unter uns. Das Pferd ist groß und wir sind klein, und wenn das nicht klappt, ist das Reiten zwecklos und mühsam. Allerdings müssen wir lernen zu dosieren. Setze die Gerte und alle vortreibenden Hilfen so ein, dass du eine Vorwärtsreaktion abwartest und dann aufhörst. Kläre außerdem, ob dein Pferd vortreibende Hilfen überhaupt kennt und verstanden hat. Viele Pferde müssen vortreibende Hilfen an der Longe und beim Führen neu lernen, ebenso das Seitwärtstreiben und die seitwärts treibenden Hilfen.

Jetzt solltest du noch wissen, dass du mit dem Zügel nach vorne denkend das Treiben unterstützt. Auch mit deiner Power, deiner Willenskraft. Kleine Kinder können riesige Pferde nach vorne oder seitwärts in den Gang bringen. „Raketen unter den Schweif und drauf und los!“ Du tust damit deinem Pferd täglich einen großen Gefallen, denn es ist ein Lauftier.

Das Anhalten: Brr-Stopp-Halt!

Das gute Gefühl auf dem selbst dirigierten Pferd kann sich wirklich erst einstellen, wenn wir ganz sicher sein können, dass wir das Pferd jederzeit und überall zum Anhalten bewegen können.

Dabei kannst du zum einen das Anhalten als Notstopp-Alarmkassette einlegen. Für ein Nothalteprogramm gibt es wirksame Wege und unwirksame. Dann gibt es noch die zweite, langfristig bessere Lösung zum Anhalten. Unauffällig, unsichtbar in den Hilfen dirigierst du den Tanzpartner Pferd in eine geschlossene Halteposition. Das Pferd steht dann etwa fünf Sekunden auf allen vier Füßen still und hält seinen Hals und Kopf in einer erhabenen stolzen Haltung. Es ist jederzeit bereit, nach deinen Wünschen stehen zu bleiben oder weiter zu arbeiten.

DIE NOTPARADE UND DAS STOPPEN

Wenn du ein Anfänger bist, wirst du dir denken, dass das Halten vornehmlich aus dem Zügel kommt. Wenn das Pferd gut geschult und rittig ist, liegst du mit diesem Gedanken richtig. Manchmal kann man ein Pferd anhalten, indem man an beiden Zügeln zieht. Doch mit dieser Methode machst du aus dem gut geschulten rittigen Pferd bald ein unwilliges und störrisches Tier. Warum ist das so? Mit beiden Händen am Zügel zu ziehen tut dem Pferd letztendlich in seinem Maul weh. Und es erscheint ihm gar nicht logisch, dass du anhalten willst. Es ist schließlich nicht mit einer Trense auf die Welt gekommen. Also – einmal ist keinmal – und ab dann kannst du dich bemühen, das Anhalten zu lernen.

Gewöhne dir ein und dasselbe Stimmkommando an, das du mit dem Pferd schon auf dem Boden einübst. Zum Beispiel „Hooh“ oder „Brrr“ oder „Haalt“. Wechsle dieses Kommando nicht, auch wenn du in Panik gerätst. Wenigstens kann dein Pferd dann verstehen, worauf du hinaus willst. Nimm den Zügel dann so kurz auf, dass für dein Pferd nach vorne eine deutliche Platznot im Zügel entsteht. Denke in eine Kurve. Stelle deine innere Hand in die Schulter oder in die Mähne des Pferdes fest, also lege sie auf den Hals des Pferdes oder an die Mähne. Mit der anderen Hand kannst du „sägen“, nämlich rhythmisch annehmen und nachgeben. Verhalte dich dabei immer dosiert treibend, indem du mit dem Gesäß schiebst und mit dem Schenkel fragst. Fragen bedeutet, dass dein Schenkel darauf eingestellt ist sich zu bewegen, so, als wolltest du selbst mitlaufen. Du schließt den Schenkel von der Hüfte aus immer wieder, um ihn gleich darauf wieder zu öffnen – du fragst an.

DAS DURCHPARIEREN

Auch ein gehfreudiges, schnelles Pferd wird in die Hand hineingetrieben. Und das, obwohl du den Eindruck hast, dass es sich schon selber genügend treibt. Für das Anhalten des Pferdes gilt: Du setzt mit den verkürzten Zügeln eine Grenze, in die du das Pferd hineinreitest. Damit diese Grenze für das Pferd angenehm ist, bleiben deine Hände auf dem Zügel ruhig – jedoch energievoll und lebendig sprechend. Du kannst etwas zittern und vibrieren mit den Händen. Oder schließe sie leise, als würdest du einen Schwamm ausdrücken oder ein Vögelchen festhalten. Du kannst die Finger auch einzeln auf dem Zügel bewegen, wie bei einem Klavierspiel oder Harfenspiel. Wichtig ist: Die Hände sollten so gut wie nie rückwärts einwirken, also gegen die Bewegungsrichtung nach hinten ziehen.

Der ausbalancierte Reiter befindet sich mit seinem ausbalancierten Pferd auf einer höheren Entwicklungsstufe und einem feineren Stand der Ausbildung. Hier bereitet bereits das Langwerden des Körpers aus dem Grundsitz das Anhalten vor. Fas-

se also den Zügel etwas nach und werde wieder groß – groß und groß. Bleibe dabei im Hals und Genick sowie im Hüftgelenk und in den Fußgelenken bewegungsbereit. Lasse die Bewegungen des Pferdes durch die Fußsohlen nach unten durch und zwar abwechselnd auf jeder Seite. Tritt im Steigbügel diesem Sinken der Füße nach. Das ist der wechselseitige Steigbügeltritt. Mit diesem holst du das Pferd in eine erhabenere oder in eine langsamere Gangart. Lass dann deinen Oberschenkel nach vorne an das Pferd heran rollen. Dadurch machst du die Beine etwas zu. Das wirkt bremsend, denn du klemmst dem Pferd ja jetzt die Schulterblätter etwas ein. Mache die Beine beim nächsten Schritt wieder auf – und wieder zu. Jedes Pferd kann dich verstehen: Es soll langsamer werden.

Merke: Zum Anhalten musst du den Vorsatz fassen und die Zügel so verkürzen, dass sie eine Grenze nach vorne bilden. Gehe in den wechselseitigen Steigbügeltritt und werde dabei groß – groß – und groß. Schließe die Beine und die Hände etwas. Setze eine Grenze mit den Händen und atme dabei aus.

Wähle angenehme Haltepunkte für dein Pferd aus, zum Beispiel die Bahnmitte, die Ecke der Bahn, die Zirkellinie oder eine andere Gruppe von Pferden. Das Anhalten aus dem Körper ist schwierig. Du musst es üben. Manchmal musst du dein Pferd grob parieren und ihm dadurch zeigen, wo die Grenzen sind, aber nur manchmal. Sonst stumpft es für die feinen, leisen Töne ab.

Ich bestimme die Richtung: Die Lenkung

Das Pferd freut sich, wenn du seine Richtung bestimmst, denn es vertraut sich von Natur aus gerne an. Nur freut es sich auch, wenn deine Vorgaben und Hilfen klar sind, sich nicht widersprechen und es dich gut verstehen kann.

Jetzt kannst du lernen, die Lenkung deines Pferdes zu bedienen.

Goldene Regel Nr. 1: Denke beim Lenken nicht rückwärts. Erst den Motor anwerfen und dann lenken. Erst vortreiben und dann die Richtung einleiten. Deine Hände sind auf der Stelle aushaltend eingerichtet und gehen dann zur Seite oder sogar nach vorne.

Goldene Regel Nr. 2: Denke in das Hinterbein deines Pferdes, denn jede Richtungsänderung geht vom Hinterbein aus. Aktiviere die Hinterbeine, indem du sie mit deinen Beinen ansprichst und mit deiner Aufmerksamkeit abfragst.

Goldene Regel Nr. 3: Halte mit deinen Zügelhänden den Kopf deines Pferdes sinnvoll zur gewünschten Bewegungsrichtung hin. Frage so am inneren Zügel, dass du das innere Auge und den inneren Nüsternrand schimmern sehen kannst. Verrenke dabei nicht deinen Sitz. Bei dieser Position sagt man: Dein Pferd hat Stellung. In Stellung kannst du alle Wendungen reiten. Wenn du dein Pferd mit dem ganzen Körper auf eine Kreislinie einrichtest, hast du dein Pferd gebogen.

Stelle dir vor, du willst mit deinem Pferd von einer geraden Linie aus nach rechts abbiegen. Den-

Clara hat noch nicht herausgefunden, dass sie ihr Pony Masur dirigieren kann wie ihr Einrad.

Unten: So ist es richtig Clara!

ke nach rechts in den neuen Weg, als wolltest du ihn selber gehen. Schaue selbst in die Richtung, in die das Pferd gehen soll – gerade zwischen seinen Ohren, nicht an der Schulter herab auf den Hufschlag. Erhalte den frischen Impuls deiner Vorwärtsbewegung. Öffne deine rechte Hand aus der Schulter heraus zwei bis 20 Zentimeter nach rechts vom Hals des Pferdes weg. Schiebe mit deiner linken Hand die linke Halsseite oder den Mähnenkamm deines Pferdes nach rechts herüber. Achte dabei darauf, mit dem Zügel nicht über den Widerrist zu kreuzen. Übe diese Bewegungen ein. Du wirst sehen, wie erstaunlich oft du diese klaren Vorhaben unterbrichst, indem du dir mit den Zügeln

widersprichst oder die Hände nach hinten ziehst.

In der verfeinerten Form des in einer höheren Stufe ausgebildeten Pferdes trägst du deine Hände höher. Deine innere richtungsweisende Hand öffnet auch, jedoch nur etwas. Dabei fragt diese Hand mit einem Klingeln, einer leisen Vibration die neue Richtung an. Die äußere Hand bewahrt den Hals davor, in die Gegenrichtung auszufallen. Sie lehnt den Zügel schiebend gegen den Pferdehals an. Du siehst, auch in der verfeinerten Form reitest du mit fragender und begleitender Hand drückend und öffnend.

Wenn du nach rechts abbiegen willst, können deine Reiterbeine von dir so hingelegt werden, als wolltest du selber diesen neuen Weg gehen. Verhalte dich unabhängig. Lass dich dabei nicht von einem unbequemen Sattel aufhalten und wiederstehe auch deinem Wunsch,

dich festzuklammern. Öffne dein rechtes Knie etwas, minimal, ein kleines bisschen nach rechts und lehne dein linkes Knie mehrfach an das linke Sattelblatt an. Gib

Versuche, das innere Auge und den inneren Nüsternrand von Masur schimmern zu sehen.

Und nicht mit der Hüfte einknicken, Ann-Kathrin, sondern sich aufgerichtet drehen.

damit Impulse nach rechts. Impulse nach rechts aus den beiden Knien setzen sich am oberen inneren Teil deiner Wade auch durch. Außerdem hast du – mit Übung – eine veränderte Blickrichtung deiner beiden Hüftgelenke nach rechts.

Haben die Augen mit der Bewegung zu tun?

- Deine Augen haben immer mit der Bewegung zu tun. Sie können die Bewegung anführen, sie können ihr folgen, sie können absichtlich woanders hingucken. Wenn du die Augen nicht mehr in der Bewegungsrichtung hast, bist du ohne Kontakt zur Bewegung. Das passiert nur zu leicht, wenn du Konzentration mit Angst paarst oder mit Übermüdung. Nimm für dein Lenken die Unterstützung durch die Augen. Lass die Augen die neue Richtung anführen oder ihr folgen. Stell dir vor, du hättest dafür Augen im ganzen Körper. Alle Augen schauen nach rechts.
- Hast du bemerken können, ob dein Po der Lenkung nach rechts folgt? Achte auf deinen Bauchnabel. Ein ganz kleines bisschen kannst du ihn nach rechts verschieben. In einer Kreisbewegung nach rechts, die den unteren Rücken mit einbezieht. Jedenfalls sollte dein Po nicht im Geradeaus pappen bleiben, wenn du nach rechts reiten möchtest.

- Unterstütze dein Reiten nach rechts mit dem Langwerden der Wirbelsäule in eine Rotation hinein. Stelle dir eine Spiralfeder vor, die nach rechts ausdreht. Du ziehst sanft an beiden Enden dieser senkrecht gehaltenen Spiralfeder. Deine Wirbelsäule verhält sich in der Wendung wie eine Spiralfeder. Sie wird länger und rotiert dabei

Sehr schön, Lara und Ann-Kathrin.

rechts herum. So kann die Eisprinzessin auf Schlittschuhen eine Pirouette drehen – und genauso wendest du nach rechts.

Jetzt hast du viele Hilfen für das Wenden nach rechts bekommen. Und natürlich wendest du genauso spiegelverkehrt nach links.

Zum Schluss beantworten wir noch die große Frage, ob das Gewicht auf das rechte Sitzbein (den Gesäßknochen unten im Po) verlagert wird oder nicht. Das Pferd stützt in der Wendung nach rechts dein Gewicht als Reiter mit dem rechten Hinterbein unter seinem Bauch. Es ist auf der rechen Seite kürzer. Auf dieser rechten Seite, auf diesem rechten Gesäßknochen darfst du vermehrt sitzen, ohne dabei den linken Gesäßknochen und deine gesamte linke Körperhälfte zu vergessen. Der rechte Rückenmuskel spannt sich und trägt dich. Der linke Rückenmuskel wird lang und gedehnt und nimmt nicht so viel von deinem Gewicht auf. Bleibe jedoch aufrecht und kippe und neige dich nicht. Dann ist deine Gewichtsverlagerung nach rechts gekoppelt mit der Rotation deiner Wirbelsäule nach rechts eine zündende Hilfe für das Wenden nach rechts.

Ab und zu ist es prima eine Reitbahn zur Verfügung zu haben, in der du Sitz und Einwirkung genau einüben kannst.

Die Reitbahn

VERSUCHSSTATION UND SCHAUKASTEN

Es ist prima eine Reitbahn zu haben. Und bei dauerhaft miserabler Wetterlage ist es natürlich sehr gut, wenn dir eine Reithalle zur Verfügung steht. Diese darf unterschiedlich groß oder klein sein. Einzig für die Entfaltung vom Galopp ist es gut, wenn die Reithalle oder Reitbahn 60 oder 80 Meter lang ist. Viele Reitbahnen sind 40 Meter lang und 20 Meter breit. Ideal ist ein guter Boden, der nicht zu tief und schwer ist, damit dein Pferd nicht zu müde wird. Er ist nicht zu hart und zu glatt, damit dein Pferd sich nicht die Gelenke prellt oder Angst hat hinzufallen. Um die Reitbahn ist ein Zaun, der dich beim Reiten nicht stört, und in der Reithalle ist eine Bande aus Holz. Die bewahrt dich davor, im Falle eines Sturzes in die Eisenträger der Reithalle zu fallen. Und dein Pferd wird durch die Bande ebenfalls davor bewahrt, sich zu verletzen, wenn es einmal das Gleichgewicht verliert.

Wechsel in der Reitbahn gerade und gebogene Linien miteinander ab. Hier: Auf den Zirkel geritten.

Eine Reitbahn kann mit einer Neigung etwas schräg zum Hang liegen. Dann läuft das Regenwasser gut ab. Außerdem ist es gut für euer Gleichgewicht, wenn ihr leicht bergauf oder bergab traben oder galoppieren müsst. Eine Reitbahn ist mit vielen Punkten versehen. Das sind die Bahnpunkte. Die Bahnpunkte dienen der Ordnung in der Bahn, damit du weißt, wohin du reiten sollst. Sie sind vor allen Dingen dafür gut, damit du aus der Bahn eine Landschaft machen kannst, die du reiterlich gestalten und bearbeiten kannst. Denke dir die Bahn als dein Labor. Sie ist deine Versuchsstation, in der du probieren kannst, das gemeinsame Gleichgewicht zwischen dir und deinem Pferd zu verbessern. Je nachdem, welchen Bahnpunkt du anreitest, ergibt sich daraus eine Aufgabenstellung für dich mit deinem Pferd. Latsche mit deinem Pferd nicht einfach nur durch die Bahn, immer im Kreis herum und kilometerfressenderweise. Das ermüdet euer Gehirn und eure Körper. Im kritischen Fall – du willst rechts, dein Pferd will links – seid ihr nicht an den Hilfen. Weil ihr diesen Fall nämlich nicht eingeübt habt. Außerdem verliert ihr nach und nach euer Gleichgewicht. Aus einem Paar im gemeinsamen Tanz werden schlotternde Schleicher oder hakenschlagende hastige Eilende. Nutze also die Bahnpunkte und übe dich gut ein. Das eigentliche Reiten findet nur gelegentlich in der Bahn statt. Tatsächlich ist die Bahn natürlich auch noch ein guter Schaukasten für deine Zuschauer, für deinen Reitlehrer, für dich als Darsteller und für deine Vorstellung.

Die Hufschlagfiguren geradeaus: Die Richtung

In der Reitbahn sind mehrere Linien für die Einübung von einem Geradeaus vorgesehen. Wir zeichnen die Linie im Bildschema für dich unterschiedlich farbig ein. Dann kannst du den Küchentisch beiseite schieben und die jeweilige Richtung geradeaus zu Fuß einüben.

1. Durch die Länge der Bahn wechseln (rot)
2. Durch die Länge der Bahn geritten (dunkelrot): ohne Richtungswechsel von A nach C oder von C nach A

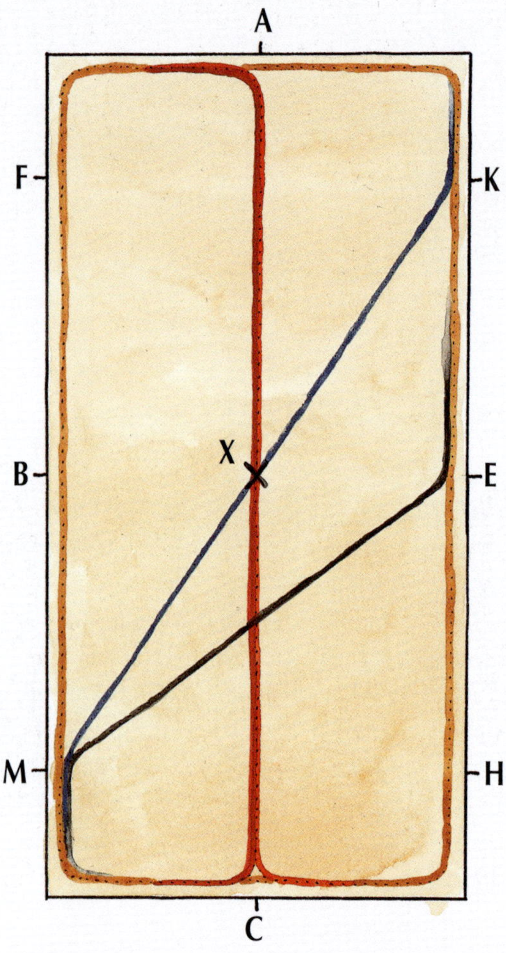

Geradeaus reiten ist durchaus schwierig. Kannst du deine Vorstellung und Gedanken auf 40 bis 60 Meter geradeaus einrichten? Stell dir Eisenbahnschienen vor, auf denen du spurst. Schließlich hat das Pferd zwei Beine rechts zu ordnen und zwei Beine links. Und du umschließt es mit deinen Reiterbeinen und begleitest es mit deinen beiden Händen einrahmend. Sind deine beiden Körperhälften gleichmäßig elastisch?

Und – das Geradeaus braucht ein Abwenden zum Hineinreiten. Und ein Einleiten vom Herausreiten, wenn du wieder am Hufschlag ankommst. Du solltest beim Abwenden und beim Ankommen immer mit deinem äußeren Knie auf der Höhe des Bahnpunktes sein. Betrachte die Spur, die du hinterlässt. Ist sie wirklich gerade?

Tipp: Schiene deinen Weg mit zwei Reihen von Stangen. Sie können 30 Zentimeter auseinander liegen oder einen Meter. Versuche, innerhalb dieser Schienen oder Gassen die Sitzarten zu wechseln, die Zügellängen und die Handpositionen.

3. Ganze Bahn (gelb): außen herum auf dem Hufschlag die ganze Bahn umreiten
4. Durch die ganze Bahn wechseln (blau): von F nach H die Bahn durchqueren oder von H nach F; von K nach M oder von M nach K
5. Durch die halbe Bahn wechseln (schwarz) von K nach B oder von F nach E, von M nach E oder H nach B die halbe Reitbahn durchqueren und dadurch die Richtung wechseln.

Reite dein Pferd mit aufgenommenen Zügeln durch alle Bahnlinien im Geradeaus oder mit auf den Hals gelegten Zügeln. Reite deine gerade Linie mit einer klaren Vorstellung und einem inneren Bild von deinem Weg. Reite mit einer dir eigenen inneren Kraft und mit Ruhe – so als würdest du dein Fahrrad freihändig geradeaus fahren und dabei ein Liedchen pfeifen. Übe die geraden Linien zehn Minuten oder 20 Minuten und nicht länger. Mache dann ein bisschen Schlendrian und Pause.

Anfang, Schlangenlinien durch die Bahn – fünf Bögen.

Die Hufschlagfiguren in der Wendung: Der Taillenschwung

Und weißt du, wie du dein Geradeaus am besten einstudieren kannst? Indem du nämlich die Hufschlagfiguren in der Wendung einarbeitest, einübst und einschleifst. Warum das so ist? Die innere kürzere Bogenlinie des auf einen Kreis eingestellten Pferdes ist immer am leichtesten zu bearbeiten. Achte darauf, der äußeren in der Länge gestreckten Körperhälfte genügend Raum für Dehnung zu lassen. Das geschieht vornehmlich im Zügel, aber auch in der Drehung deines Körpers und im gleichmäßigen Einsatz deiner Beine zwischen innen und außen. Besinne dich wieder darauf, dein Pferd wie auf Eisenbahnschienen zu führen. So hast du immer die innere und äußere Körperhälfte des Pferdes und deine eigene rechte und linke Körperhälfte auf den gebogenen Schienen

Schlangenlinien durch die Bahn in der alten Form, also in S-Linien, die aussehen wie halb Achten.

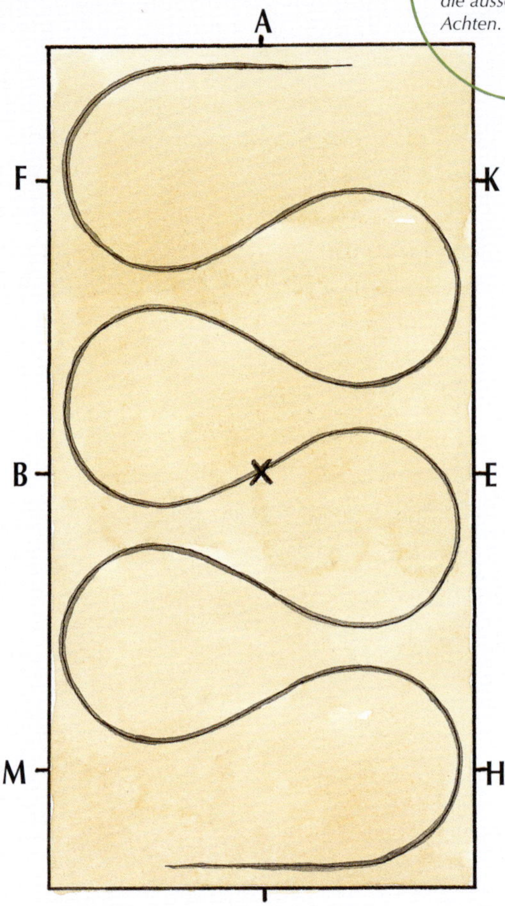

zu vereinbaren. Das ist gar nicht so einfach. Vergiss daher nicht, durch das Betrachten deiner Spuren im Sand das genaue Ergebnis deiner Bemühungen anzusehen. Lass deine Augen locker schweifen und immer wieder in den vorgenommenen Weg hinein sehen. Die Augen können deinen Oberkörper sogar führen. Wenn der Oberkörper geführt ist, kannst du die Beine leichter in Schrittstellung an das Pferd legen. Etwa so, als würdest du selber die gebogene Linie ablaufen. Du kannst dir die Spuren der vorgegebenen Linien auch im Sand vorzeichnen und dann nachreiten. Oder mit einer Harke die Spuren ziehen. Stelle doch zusätzlich rot-weiße Bauhütchen (Pylone) auf, die wie Tore deine Wege kennzeichnen. Schaue dir immer hinterher das Ergebnis an. Du willst mit deinem Pferd in der Bahn eine Landschaft gestalten oder eine Landkarte zeichnen. Wie gut dir das gelingt, zeigt dir, auf welchem reiterlichen Stand du bist.

Welche Aufgaben haben sich die alten Reitlehrer ausgedacht?

Reite Schlangenlinien durch die Bahn. Ich unterscheide dabei zwei Formen. Du überquerst die Bahn in vielen Bögen von der langen Seite zur anderen langen Seite. Das sieht dann aus, als würden sich viele Schlangen nacheinander über die Mittellinie schlängeln. Ich sage immer: „Unzählige Bögen oder 333 Schlangenlinien“.

Bei sehr vielen Schlangenlinien liegt die Konzentration weniger auf dem Gleichmaß und der Symmetrie der Bögen als auf dem Einrichten von Reiter und Pferd auf der Schienenspur, die eine solche Schlange hinterlässt. Ständig und erneut umfassen (im Zügel), umsitzen (im ganzen Körper), umstellen (das Pferd auf die neue gebogene Linie). Umsitzen, umfassen, umstellen. Du reitest also 333 Schlangenlinien, die alle aussehen wie halbe Achten, und achtest darauf, dass du schlängelst, schlängelst, schlängelst – mit dem Taillenschwung. Beide, das Pferd und du, müssen sich auf die Kreislinien einstellen: Der Kopf, Schultern, Hände, Hüfte, Beine Füße und dasselbe beim Pferd. Wenn du selbst oder das Pferd steif und gerade laufen oder aus der Linie herraus gebogen sind, ist es falsch. Reite dann langsamer und ordne deinen Sitz und deine Zügelhände neu. Und wenn dein Pferd sich anfühlt wie ein Stöckchen oder Streichholz, das durch Kurven geschoben wird – auch falsch. Reite langsamer, ordne und verfeinere deine Zügelhände und wechsele deine Sitzpositionen, damit dein Pferd es im Rücken leichter hat.

Und jetzt sprechen wir von den Schlangenlinien in der verfeinerten und schwierigeren und klassischen Form. Da gibt es die Schlangenlinien durch die Bahn in vorgeschriebenen drei oder mehr Bögen (blau). Und es gibt die Schlangenlinie an der langen Seite als einfache Schlangenlinie mit einem Bogen (grün) und als doppelte Schlangenlinie mit zwei Bögen (gelb). Der Hufschlag und die Bahnpunkte werden sofort verlassen, wenn das äußere Knie des Reiters auf dieser Höhe ist. Das Zwischenstück aus den gebogenen Linien ist gerade wie bei den Schienen einer elektrischen Eisenbahn. Das ist wichtig für die Qualität der neuen Biegung. Die Raumaufteilung ist absolut gleichmäßig und symmetrisch. Dabei muss der Reiter beide Richtungen vorbereiten, das Pferd in Schwung halten und die Balance nach beiden Richtungen ordnen.

Der Geheimtipp im Sitz des Reiters ist dann immer mit geteiltem Po oder Gesäß tief einzusitzen. Dann bleibt der Rücken des Pferdes geschmeidig und beweglich. Das macht das Reiten für dich und für das Pferd selbst angenehm. Und es wird nur mit einem beweglich-geschmeidigen Pferderücken machbar, eine Figur auszuformen und eine gute Gestalt darzustellen. Durch den tiefen Sitz bekommst du die Freiheit, deine Beine den Boden fühlend und ahnend rechts und links dicht am Pferd herunterhängen zu lassen.

Entweder hängen sie in Schrittstellung, wie bei allen Kurven und dem Galopp, oder parallel nebeneinander (natürlich mit dem Pferd dazwischen ...), wie bei allen Bewegungen geradeaus. Befreie dann den Körper mit deinem Atem. Schaue und fühle genau hin, wo du atmest und ob du dich damit zufrieden fühlst. Führe dann den Oberkör-

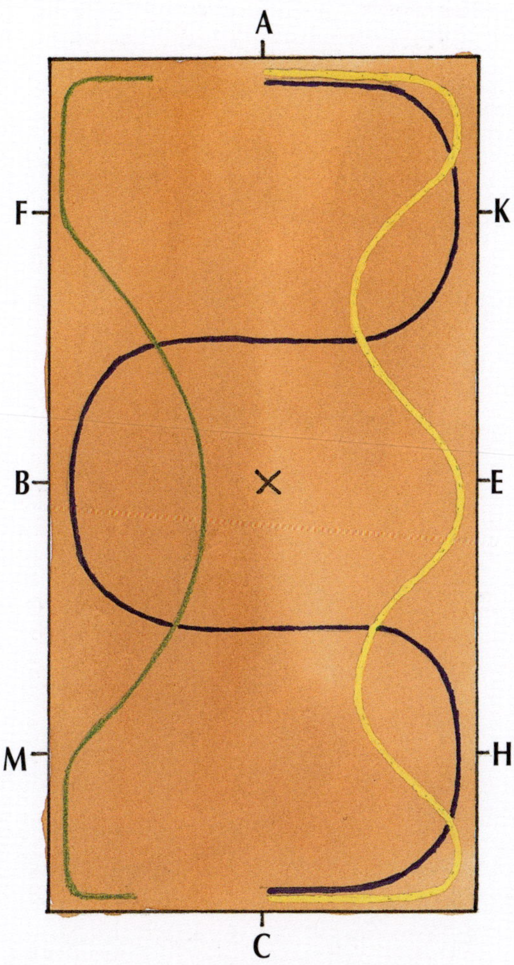

per mit deinen Augen. Sie können abwechselnd frei umherschauen und deine Linien anführen. Erlaube alle Drehungen und Rotationen im Körper, so als würdest du selber den Weg ablaufen.

Die Krone des Trainierens für das Geradeaus ist das Reiten von Kreisen, Doppelkreisen und Achten. Fang mit einem Kreis von 20 Metern an. Das ist die halbe Reitbahn in einer Runde. Suche dir alle Bahnpunkte aus, um auf einen Kreis abzuwenden. Den großen Kreis nennt man Zirkel und die kleineren Kreise von zehn, acht oder sechs Metern Durchmesser nennen wir dann schon Volten. Mit einem Pony kannst du den Kreis noch weiter verkleinern, bis zu einem Drei-Meter-Kreis im Durchmesser. Sehr viel Spaß macht es auch, die Bahn in mehrere Kreise aufzuteilen, zum Beispiel

Aus dem Zirkel wechseln auf der Mittellinie und der Wechsel innerhalb des Zirkels.

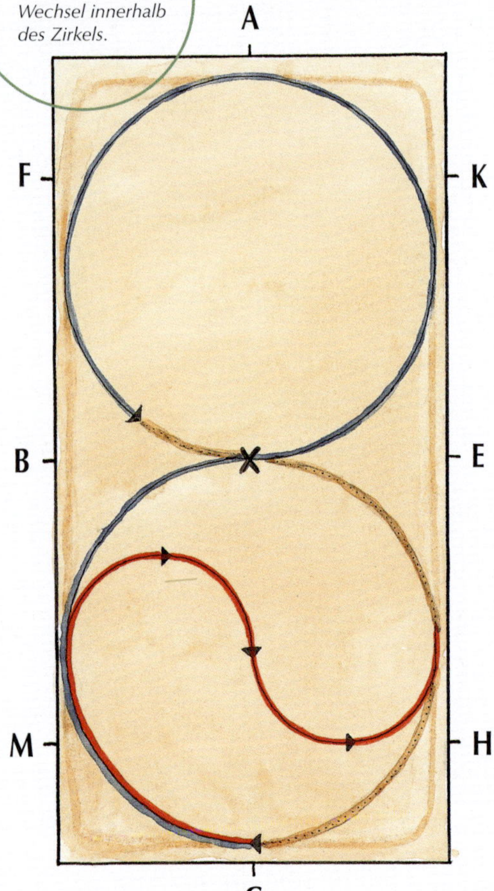

Das einfache Labyrinth und das Feenlabyrinth.

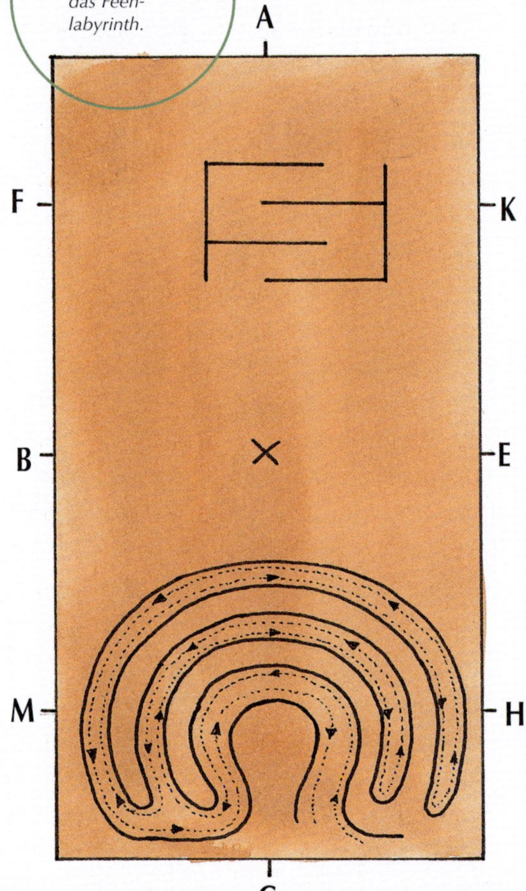

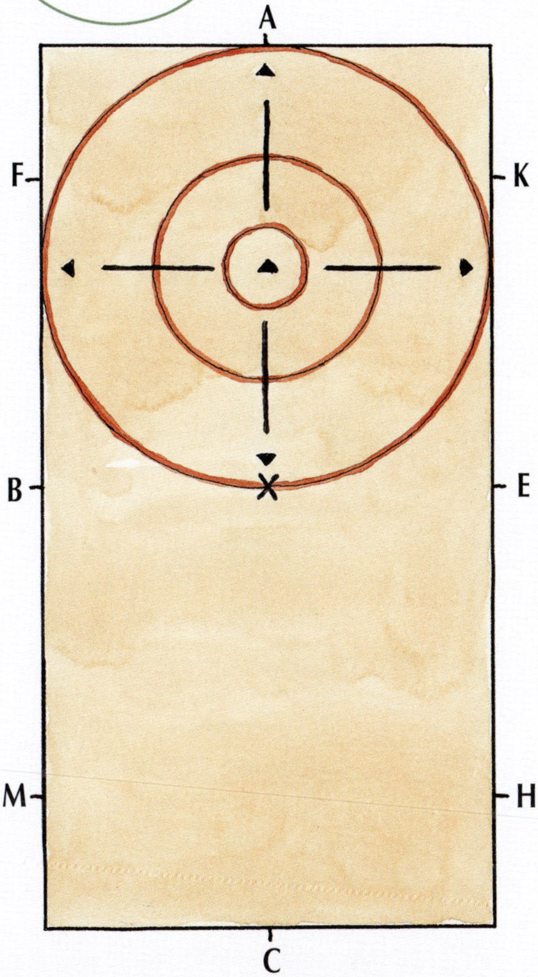

Mit fünf Verkehrshütchen und vier Stangen kannst du dir eine wunderbare Aufgabe zum Reiten von Kreisen stellen.

Zirkel, Mittelzirkel und Zirkel. Reite auch Achten und Ellipsen oder verkleinere die Kreise während des Durchreitens und vergrößere sie dann wieder. Wechsele die Richtung durch den Zirkel oder aus dem Zirkel.

Waren deine Kreise kreisrund? Überprüfe die im Sand gerittenen Linien mit den Augen. Baue dir ein Stangensystem oder Begrenzungen mit Bauhütchen (Pylone) als Balancehilfe für den Kreis und viele Kreise. Kennst du mönchische Labyrinthe, auch Feenlabyrinthe genannt? Suche sie aus alten Büchern oder dem Internet heraus. Lege sie mit Steinen oder Longierleinen als Winkelgasse aus.

Durchreite eines mit Ruhe und Freude. Dein Pferd wird dir helfen. Pferde lieben Stangenfiguren und Labyrinthe.

Der Clou beim Durchreiten des Kreises ist es, den Mittelpunkt zu finden. Markiere einen der Kreise wieder mit einem Bauhütchen in der Mitte. Und es ist eine Kunst, dir den Mittelpunkt zu erhalten, da die Fliehkräfte des Kreises dich heraustragen wollen. Atme frei und lass deine Augen locker umherschweifen. Verbinde die Drehung und Rotation in deinem Körper mit einem Wachsen, Größerwerden, Ausdehnen oder Längerwerden. Schau dir im Spiegel an, ob du im Zusammenspiel beider Körperhälften gleichmäßig bleibst oder lass dir von einem Zuschauer seinen Eindruck melden. Nimm das Pferd in die gebogenen Linien mit und lass dich vom Pferd mitnehmen. Genieße das Hineinschwingen in den Kreis als Vorbereitung für das Erlernen eines verbesserten, echten Geradeaus.

Die Übergänge

MAL SCHNELL, MAL LANGSAM UND IMMER IM GLEICHGEWICHT

Wie machst du ein trauriges Pferd munter und gehfreudig oder ein eilendes Pferd rhythmisch? Was hast du für eine Chance, unkonzentrierte Pferde auf die Zusammenarbeit einzustellen? Wie übst du, wie überprüfst du den Wechsel vom Dehnen der Muskeln zum erneuten qualitätvollen Anspannen? Wie bringst du das schreckhafte, abgelenkte oder ermattete Pferd immer wieder an deinen Sitz (so dass es sich auf deine Hilfen mit den Gesäßknochen und Gewichtshilfen einlässt) und an die Reiterhilfen zurück? Das alles kannst du mit dem Reiten von Übergängen erreichen: Mal schnell, mal langsam, und immer im Gleichgewicht. Schon im Galopp zeigt es sich klar: Viele Pferde bekommen nach dem Angaloppieren einen kleinen Geschwindigkeitsrausch und wollen losstürmen und dabei immer eckiger werden. Besonders dann, wenn der Reiter sowieso schon das Gleichgewicht verliert und das Pferd eher unbewusst treibt, indem er sich festklammert oder sich aus der Bewegung heraussetzen lässt. Stelle dir dann ein Musikstück vor: mal schnell, mal langsam. Reite Galopp, reite Trab, reite Galopp, reite Trab. Reite 20 Meter Galopp, reite 20 Meter Trab, und das zehn Minuten lang. Du kannst dabei aussitzen, leichttraben oder im Springsitz und Leichten Sitz reiten. Wesentlich ist, dass du selbst das eilende Pferd am Schenkel hältst, also Kontakt mit dem Schenkel am Pferdebauch hast (ein Pferd braucht mehr vortreibende Impulse und das andere nur einen Hauch davon). Aber alle wollen „vor dem Schenkel" sein, wie man sagt. Dann lässt du das Pferd in die auf einer Stelle aushaltende Hand hineinlaufen. Das heißt, dass du die Bewegung des Pferdekopfes nach vorne mit dieser Hand nicht mitmachst. Du gibtst nicht nach vorne nach, ziehst aber auch nicht nach hinten. Federe dann deinen Körper so aus, dass du in eine neue Bewegung hinein denkst, zum Beispiel in den Trab (und nach 20 Metern wieder in den Galopp). Ganz wichtig: Du hältst das Pferd nicht am Zügel zurück. Er bildet nur eine Grenze nach vorne in die für die neue Bewegung angepasste Zügellänge. Deine Stimmung hält dein Pferd auf und dein neuer Vorsatz für die neue Gangart führt zur neuen Bewegung. Denke Galopp, denke Trab, denke Galopp, denke Trab, denke Galopp, denke Trab. Federe dabei deinen Körper so aus, dass du im Genick (am Ende vom Hals) in einer Richtung höher kommst und mit dem letzten Wirbel der Wirbelsäule in die andere Richtung tiefer. Damit das möglich wird, musst du den Körper teilen und wechselseitig den Steigbügel zum Erdboden hin austreten. Sogar der Sattel federt etwas mit. Und vor dem Übergang zum Galopp wieder den Körper lang ausfedern, Galoppsitz einnehmen, Galopp denken, vielleicht auch sagen und mit dem oberen inneren Teil deiner Wade dem Hüftgelenk und dem Gesäß Galoppimpulse geben.

Übergänge machen auch ruhige Pferde munter. Manchmal sind sie einfach träge, ein anderes Mal von der lösenden und aufwärmenden Einstiegsarbeit zwar locker, aber zu sehr beruhigt. Durch die erhöhte Balance im dauerhaften Wechseln vom Tempo in einer Gangart – zum Beispiel innerhalb von Trab oder Galopp – oder zwischen zwei Gangarten (Trab-Schritt-Trab, Trab-Halt-Trab oder Galopp-Schritt-Galopp) wird es munter, angeregt und schwungvoll. Um die Aufgabe bewältigen zu können, balanciert es sich besser aus. Und auch du als Reiter bekommst mehr Reitdisziplin und Reitgefühl. Ein Herumjagen oder Schlurfen im Kreis erscheint dir dann nicht mehr als schönes Reiten. Der Tanz im Wechsel zwischen mehreren Gangarten erhöht Ruhe und Aufmerksamkeit sowie dein Reitgefühl für ein schwingendes Pferd, das gleichzeitig gehorsam ist. Wenn du kein Rennreiter sein wolltest, dann kannst du da eigentlich nur hin wollen: Pferd und Reiter im Zusammenspiel der Kräfte und Gedanken bei munterer, freier Bewegung in einem guten Gleichgewicht.

Drei Reitstunden

LÖSEN UND BALANCE ERHÖHEN

Ich gebe dir gerne drei Reitstunden mit auf den Weg. Diese kannst du dann ganz oder in Teilabschnitten genauso nachreiten. Du kannst den Galopp weglassen oder auch reiten.

Lege für dieselbe Reitstunde jedes Mal deinen Wahrnehmungspunkt anders. Das bedeutet, dass du zum Beispiel einen Tag die Aufmerksamkeit auf das Lösen und Durchlockern deines Pferdes legst. Besonders, wenn es dir steif erscheint, müde, wirr und ungeordnet oder eilig.

An einem anderen Tag versuchst du, deinen Sitz zu ordnen. Lockere dich, setze dich passend hin zu dem, was du vorhast. Schaue, ob dein Körper für dich auch tut, was du willst. Wiederhole sonst die Anweisung an deinen Körper immer wieder. So koordinierst du deine Gedanken mit den Ausführungen deines Körpers.

Achte an einem neuen Tag auf den feinen Gebrauch deiner Hände. Die Zauberhand beim Reiten ist immer erstrebenswert. Und: Sie kann gelernt werden. Hände tief, Hände hoch, Hände beweglich, Hände atmend, Hände vibrierend, Hände aushaltend, Hände in den Hals des Pferdes schiebend, anlehnend, drückend, verwahrend auf der Außenseite; Hände fragend, vorgehend, öffnend, sprechend zum Maul auf der Innenseite; Hände immer zusammenspielend, hineinlangend,

Pferd am langen Zügel und Pferd am hingegebenen Zügel.

gegenhaltend, überstreichend und unsichtbar. An wieder einem anderen Tag zu derselben Reitstunde versuchst du, aus deinem Pferd das Beste herauszuholen, was es zur Zeit geben kann. Du erhöhst sein Gleichgewicht, seinen Ausdruck, seine Genauigkeit, seinen prompten Gehorsam und die Schwierigkeitsgrade, mit denen es reiterlich umgehen muss. Du interessierst dein Pferd, du verschönerst dein Pferd, du ermöglichst es dem Pferd, an den richtigen Stellen Muskeln anzutrainieren. Ihr stellt etwas dar, ihr legt etwas vor. Ihr legt mal ordentlich etwas hin. Die Reitbahn als Schaukasten! Immer den Korb hoch hängen! Immer etwas mehr wollen! Das gilt für diesen einen besonderen Tag.

Erste Reitstunde: In der Reitbahn

Bei uns ist es Sitte, vor dem Aufsitzen die Pferde etwas zu führen. Und das, obwohl die Pferde von einem fünfstündigen Weideausflug im Sommer und im Winter gerade hereingekommen sind. Bei diesem Führen wird ein frisches Tempo marschiert. Du kannst zwei- bis dreimal nachgurten. Du kannst deine Steigbügel schon so gut wie passend einstellen. Du kannst dein Pferd beobachten: Ist es rhythmisch, friedfertig, streckt es sich, hat es Vertrauen im Auge, bleibt es neben dir, geht es ihm gut, wie ist seine Stimmung? Dann sitzt du auf. Unauffällig, geschmeidig. Egal ob mit Helfer oder ohne.

Reite in eine Richtung hinein an, die sich dir anzubieten scheint. Entscheide dich für eine Richtung, links oder rechts. Nicht für geradeaus und schon gar nicht hin und her. Die ersten Schritte sind der halbe Reiterfolg. Sie sind in einer Richtung leicht zu gestalten. Richte dann deine Zügel für die Lösungsphase beim Reiten passend aus. In dieser Phase soll das Pferd seinen Hals lang vorgewölbt tragen. Dementsprechend musst du ihm mit den Zügeln Raum geben.

Ist dein Pferd mutwillig und frisch oder unsicher und dadurch frech? Dann nimm deinen Zügel recht kurz auf (immer passend zum Hals des Pferdes). Er ist dabei ungefähr so lang wie bei einem versammelten Pferd, nur dass das Pferd wenn es frech ist, nicht so leicht und willig deine Hand sucht, sondern eher etwas büffelig oder quirlig ist. Bereite den Trab im Leichttraben oder leichten Sitz vor. Trab beruhigt und beschäftigt das Pferd angenehm.

Ist dein Pferd nett, arbeitswillig und bummelig und gehorsam in seiner Laune? Dann gib ihm den ganzen Zügel zehn bis 20 Minuten deinen von 20 bis 50 Minuten hin. Der hingegebene Zügel ist an der Schnalle angefasst mit einer tiefen, zum Widerrist angelehnten Reiterhand. Beobachte, ob dein Pferd sich traut, sich in den hingegebenen Zügel hineinzudehnen. Schnobert es manchmal fast mit dem Maul im Sand der Reitbahn?

- Reite so lange Schritt und dann Trab und Galopp im leichten Sitz, bis dein Pferd sich in allen Gangarten im Hals und Rücken streckt, den Schweif pendelnd herabhängen lässt (dafür brauchst du manchmal Monate) und leise und geschmeidig auffußt. Wähle für das tiefe Dehnen ein langsames Tempo oder das Tempo, in dem dein Pferd dir am ehesten gleichmäßigen Bewegungsrhythmus anbietet.
- Nutze die Bahn außen herum aus. Das ist kurvig genug. Reite rechts herum Schritt, Trab, Galopp, dann wieder Schritt und dann links herum Schritt, Trab, Galopp und Schritt. 20 Minuten lang. In dieser Zeit orientierst du dich. Was für Menschen sind bei dir? Welche Pferde sind bei dir? Welche Reitautoritäten oder Reitlehrer sind bei dir? Welche Gefahrenpunkte sind um dich herum? Welche Möglichkeiten hast du heute (Bodenverhältnisse, Wetterverhältnisse, Tagesform deines Pferdes, deine Tagesform)?
- Nach diesen 20 Minuten könnte dein Pferd mehrfach herzlich abgeschnaubt haben. Das bereitet den Atemfluss für ausdrucksstärkere Bewegungsformen vor. Es könnte geäpfelt haben. So befreit es seinen Darm von Ballast und kann erleichtert und geschmeidiger gehen. Es kann Rhythmus gefunden haben. Der gleichmäßige Bewegungstakt ist die perfekte Grundlage für Bewegungsausdruck.

Es konnte sich mit seinem Arbeitsplatz vertraut machen und in seiner Umgebung orientieren. Du als Reiter kannst deinen Sitz geschmeidig machen und durchatmen.

20 Minuten also abschnauben, äpfeln, dehnen!! Dein Pferd und du (bis auf das Äpfeln...)! Was machst du, wenn in diesen ersten zwanzig Minuten gar keine entsprechenden Reaktionen folgen? Bleibe gelassen und bereite deinen neuen Tag vor.

Reite entweder 50 Minuten nur lösend und lockernd oder wechsele das Thema: Mache ein Gymnastikspringen (zweite Reitstunde) oder einen Ausritt (dritte Reitstunde). Wenn du dir das nicht zutraust, dann mache mit deinem Pferd einen Spaziergang zu Fuß, Führübungen oder Freilongenarbeit. Gut ist auch, einen Korrekturreiter einzusetzen, der versuchen kann mit deinem Pferd eine positivere Arbeitseinstellung zu erarbeiten. Es zählt immer der nächste Tag. Der soll besser sein als der vorige. Merke dir vor allen Dingen immer die Lösungsqualitäten deines Pferdes, wie sehr und wie schnell es sich entspannen und lösen kann. Versuche das, was nicht stattfindet, über Monate hinweg herauszulocken. Du kannst es nicht in einer Stunde erzwingen.

Wenn dein Pferd sich lösen kann, dann geht es weiter: Du kommst in die Arbeitsphase deiner Reitstunde. Dein Ziel muss immer sein, die Biegsamkeit und Geschmeidigkeit deines Pferdes zur rechten und zur linken Seite zu erproben, zu vergleichen und zu verbessern. Reite jetzt zehn Minuten lang viele 333 Schlangenlinien durch die Bahn im Schritt und Trab. Reite diese am hingegebenen und am aufgenommenen Zügel und einhändig. Spiele alle Sitzarten durch und vergleiche selber deine Geschmeidigkeit zur rechten und zur linken Seite. Stelle eine Slalomreihe von Bauhütchen auf und reite Slalom, also Schlangenlinien durch diese Reihe. Deine Beobachtungen sollten den Rhythmus des Pferdes einbeziehen, seine Bewegungen nach rechts und links vergleichen (den Taillenschwung) und deine Rechts- und Linksseitigkeit verbessern und überprüfen.

Werde dann genauer und strenger in deinen Vorgaben für die Schlangenlinien. Reite sie klassisch, das heißt symmetrisch, schwungvoll und mit exakter Raumaufteilung. Halte dich aufrecht und gesammelt, um dein Pferd zwischen deinen Beinen unter dir hindurch und vor dir auftauchend einzusammeln. Das versammelte Pferd macht immer den Eindruck als liefe es zu zwei Dritteln vor dir her, als wäre es von hinten unter dir durchgetaucht und vor dir wieder aufgetaucht.

Mache dann eine Pause für euch beide. Bummelnd, schwatzend, nichts wollend.

Gehe dann in eine neue Stufe eurer Zusammenarbeit. Dein Ziel ist die Erhöhung vom tänzerischen Ausdruck und von mehr Gleichgewicht. Nimm den Zügel allmählich sachte, jedoch konzentriert auf. Mache das so, dass du dein Pferd von hinten nach vorne und von innen nach außen in die hingehaltene Reiterhand hineintreten lässt. Jetzt musst du sachte sein und dennoch mitmachen. Das Pferd sucht garantiert die Anlehnung an deine Reiterhand. Nimm dieses Angebot an. Du fühlst jetzt, dass du etwas mehr Gewicht auf den Zügel bekommst. Du spürst das eingespeichelte, kauende Pferdemaul. Du sitzt auf einem tragbereiten, weich federnden, gelösten Rücken des Pferdes aufrecht und gelassen. Reite jetzt zehn Minuten lang Hufschlagfiguren geradeaus: Durch die halbe Bahn wechseln, durch die Länge der Bahn wechseln, durch die ganze Bahn wechseln und so fort. Mache das im Schritt und im Trab. Mache dann eine Pause am hingegebenen Zügel von wenigen Minuten. Nimm danach den Zügel wieder auf. Reite danach im Schritt und im Trab und im Wechsel von Schritt und Trab vielmals die Übung „Aus der Ecke kehrt". Dadurch verbindest du die gerade Linie mit einer halben Volte und gleich wieder mit der geraden Linie. Du wechselst automatisch dauernd die Richtungen und dadurch deine Einstellungen. Du passt deinen kreisrunden Voltenkreis, den du überwachst, deiner Fähigkeit, tief in die Ecke hineinzureiten, an. Du erhältst dir den taktreinen, energievollen Antritt des Pferdes von hinten nach vorne. Du kannst die Übung im Schritt reiten, im Trab oder im Wechsel zwischen Schritt und Trab oder Schritt, Trab und sogar Galopp.

Achte darauf, dass deine Bahnzeit 60 Minuten nicht überschreitet. Achte darauf, dass dein Pferd gemütlich und in Ruhe orientiert die Bahn verlassen kann. Es soll seinen Arbeitsplatz mögen.

Springen heißt immer, den Weg reiten. Den Sprung macht das Pferd.

Zweite Reitstunde: Eine Springstunde - Gymnastizieren und Dehnen

Wenn du fünf bis sechs Mal diese vorige Reitstunde durchritten bist, brauchst du sicher Abwechslung und vor allen Dingen dein Pferd. Und ihr braucht etwas Neues, etwas Heiteres, Spritziges, Sportliches. Da ist eine Gymnastikspringstunde genau das Richtige.

Mit dem Springen verhält es sich offensichtlich so: Die meisten Leute haben Angst davor und viele Pferde ebenfalls. Sie haben aber gar keine Angst davor, das Pferd an den Zügel zu reiten oder rückwärts zu richten. Dabei ist das viel schwieriger, als einige Sprünge zu nehmen, höher oder niedriger, ganz egal.

Die Angst vor dem Springen kommt aus einem falschen Unterrichtsaufbau für Reiter und Pferd. Und aus der mangelnden Übung sowie den überhöhten Anforderungen ohne jede Grundlagenarbeit. Durchreitet folgende Springstunde einhundert Mal und ich wette, ihr findet Springen superklasse und euer Pferd auch.

Zu beachten ist: Es gibt Pferde, die zu alt in den Knochen sind oder zu ermattet im Körper. Es gibt Pferde, die zu lange verspannt in der Muskulatur waren. Es gibt Pferde, die sich nicht für den Galopp eignen und ihre Beine nicht sortieren können. Es gibt Pferde, die zu schwer sind. Solche Pferde mögen nicht springen. Das respektiere ich immer, nachdem ich es ausprobiert habe. Ein Pferd, dass sich beim Abdrücken, an den Stangen oder durch die Landung wehtut, gehört nicht in diese Springstunde. In der Reitstunde und beim Ausritt kann

es mitmachen. Es möchte sinnvoll leben, mittun und dabei sein. Die Springstunde ist gestrichen. Aber tu dir den Gefallen. Probier dein Pferd aus. Vielleicht liebt es das Springen sehr.

Ich unterscheide im Springen zwei Arten:

Den Hopsi-Plopsi-Gummiballsprung. Hierbei soll das Pferd sich trauen, ungestört dicht an den Sprung heranzulaufen. Dann den Sprung betrachtend mit der Vorhand und der Nase abtauchen. Danach gewissermaßen nebenbei unaufwändig herüberkrabbeln und federnd landen.

Den Weitsprung. Dabei traut sich das Pferd, sich im Flug raumgreifend zu strecken. Pferd und Rei-

Orientiere dich beim Springen in die neue Richtung. Hier: Lara mit Via Lorenza

ter haben ein energievolles, rhythmisches Vorwärts und lieben den forschen Galopp.

Beide Arten des Springens bestehen nebeneinander und ergänzen sich. Beide sind kein Grund, Angst zu haben, wenn ihr euch in der Einstellung der Höhen nach dem richtet, was das Pferd euch anzeigt.

Bereite dich auf das Springen vor. Gut ist, wenn während der Dressurarbeit Sprünge herumstehen und der Anblick daher überhaupt nichts Ungewöhnliches ist. Dazu ist es absolut sinnvoll, wenn ein „Darüber" beim Führen und beim Reiten völlig normal ist. Über Säcke, über Anoraks, über Longen, über Äste und Zweige, durch Pfützen und über Gräben. Der Weg bezieht ein Darüber mit ein. Mache dir dann Gedanken zu deinem Sitz. Ob ohne oder mit Sattel. Die Hände müssen insofern vorgehen, als dass dein Pferd sich den Zügel mindestens abholen kann.

Ich unterscheide drei Arten:

- Die Hände werden rechts und links am Widerrist aufgesetzt und sind geöffnet. So kann sich das Pferd so viel Zügel abholen, wie es für die Streckung braucht.
- Beide Hände gehen dicht vor dem Sprung vom Ellbogen aus in Richtung Pferdemaul vor.
- Beide Hände rutschen über den Mähnenkamm vor in Richtung Genick des Pferdes.

Anreiten, Abspringen, Flugphase und Landen erfordern eine hohe Balance von Pferd und Reiter.

Probiere dann deinen Sitz aus. Sitz- und Handposition kannst du schon im Halten einstudieren. Wiederhole das mehrfach. Für den Sitz brauchst du einen stabilen Fuß mit Stand im Steigbügel. Du brauchst den Fuß unter deinem Schwerpunkt, damit die Schultern und das Gesäß unterstützt werden. In der Regel wandern beide Beine also weiter nach vorne. Hände vor und Füße vor. Das Gesäß wandert dafür im Sattel etwas nach hinten. Sonst bist du zu vorderlastig und kippst zu schnell über die Schultern des Pferdes. Also ganz einfach. Hände vor, Füße vor, Po nach hinten. Dann ist es ganz wichtig, sich seinen Bauch stark zu halten. Der starke Bauch hat Atem. Der Bauch mit Atem fängt starke Bewegungen gut ab. Neige den Oberkörper nicht zu tief. Bleibe dicht am Sattel mit dem Gesäß. Du kannst dir die Steigbügel drei bis sieben Löcher kürzer einstellen. Übe die starke Winkelung vom kurzen Steigbügel im Stand ein.

Noch etwas ist wichtig beim Springen. Reite deinen Weg. Das Pferd macht den Sprung. Es macht den Sprung alleine und nimmt dich mit. Deine Aufgabe ist, den Rhythmus zu finden und in der Zone von sieben Metern vor und nach dem Sprung zu erhalten, ohne das Pferd zu stören.

Du hast noch eine zweite Aufgabe. Richte dich mental und geistig ein. Teile deine Bedenken dem Pferd nicht mit. Reite nur einen Weg, den du dir zutraust. In der Regel verweigert nicht das Pferd den Sprung, sondern der Reiter. In der Regel läuft nicht das Pferd aus dem Sprung heraus, sondern der Reiter hat es herausgeritten. Denke positiv. Und ab die Post, drauf und los und drüber.

Bleibt dein Pferd tatsächlich stehen, mache daraus kein Problem. Lass es zehn bis 60 Sekunden

Springen über Gerümpel erfordert eine positive mentale Begleitung für Pferd und Reiter.

davor stehen. Halte Ruhe. Warte, bis es den Kopf gesenkt und den Sprung richtig wahrgenommen hat. Reite dann entweder aus dem Stand darüber oder drehe um und reite neu an.

Übe das Rhythmusreiten ein. Nimm eine brasilianische Musik dazu oder eine Schellentrommel. Reite im zügigen Galopp gestreckt voran. Jetzt bist du gut vorbereitet für deinen Parcours. Lege dir einen Weg mit fünf Hindernissen aus. Hindernisse können alles sein, was man überwinden kann. Lass es Stangen sein, Säcke, Anoraks, Plastikplanen, Holzbretter. Lege keine spitzen oder scharfkantigen Gegenstände aus, wohl aber Feldsteinmauern und Baumstämme. Denke dir einen Weg aus und reite ihn in Diagonalen, Achten und außen herum. Reite Trab; wenn das Pferd in den Galopp fällt, lass es gehen. Bleibe ruhig, aber rhythmisch und energievoll. Freue dich mit deinem Pferd am Sprung.

Hier hast du ein Beispiel (Sprünge 1 bis 5) dafür, was ich ein Gerümpelspringen nenne. Über alles Nette darüber. Es können auch bunte Stangen sein.

3 a) und 3 b) sind ein Beispiel für den rhythmischen Weitsprung. Dein Springen soll ja dehnen und gymnastizieren. Diesen Sprung stellst du beim großen Pferd vier Meter auseinander und beim kleineren Pferd 3,50 Meter oder drei Meter. Reite diese lange Seite dann aus dem Galopp an: Hopp, Hopp oder In-Out. Alle anderen Sprünge kannst du auch aus dem Trab anreiten. Pariere spiralenförmig, die Zirkellinie verkleinernd durch.

Reite diesen Parcours drei- bis viermal, und das einmal in der Woche. Erinnere dich. Die Anzahl aller Sprünge in der Lebenszeit deines Pferdes

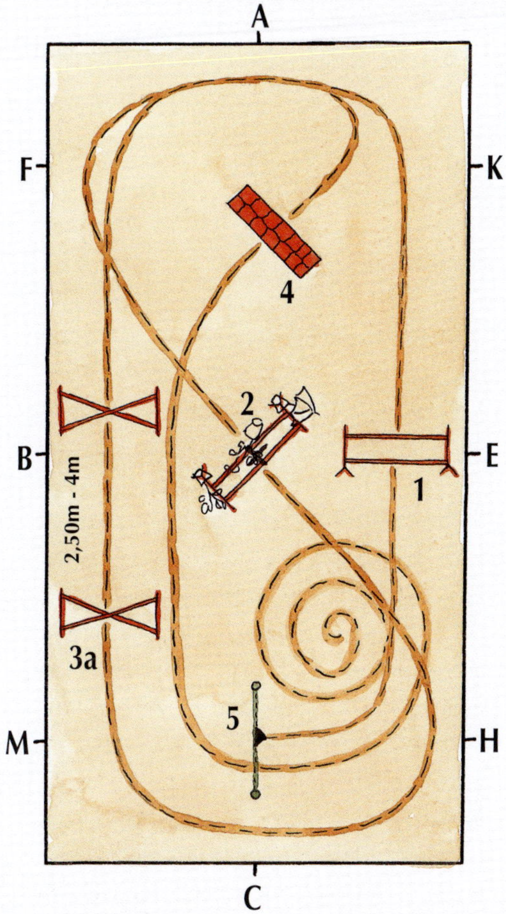

Baue Deinen Parcours anfangs ganz niedrig. Erhöhe nach und nach.

musst du dir einteilen. Das Gymnastikspringen oder der Gerümpelparcours braucht kein langes Abreiten. Das Springen selber wirkt lösend und gymnastizierend. Allerdings brauchen Pferd und Reiter eine Aufwärmphase und eine Reiteinheit, in der du Energie und Rhythmus findest. Für die Aufwärmphase reicht schon der Schritt am hingegebenen Zügel über fünf Minuten. Energie und Rhythmus findest du in dem dynamischen Wechsel zwischen Trab und Galopp, dem Reiten von Übergängen im Grundsitz und im Springsitz. Reite auf dem Zirkel und wechsele in eine Acht. Dann hast du auch deinen Weg vorbereitet.

In unserem Ponyclub laufen alle zu Fuß mit den Pferden über den Sprung. Das ist eine gute Variante, um dem Springen das Imponierende, Angsteinflößende zu nehmen.

Dritte Reitstunde: Ausreiten, Spass - Ausgleich - Umgebungswechsel

Bei uns im Ponyclub wird mindestens ein- bis zweimal wöchentlich ausgeritten. Es macht Spaß, bietet Pferd und Reiter einen Ausgleich und der Umgebungswechsel rettet euch vor Langeweile und Monotonie.

Viele Ausritte in vielen Reitställen starten im Chaos und enden im Unglück. Reiter und Pferd machen wilde Augen und reiten panisch und mit kreischender Stimme in der Gegend umher. Das ist gefährlich, auch für andere Verkehrsteilnehmer. Und es ist wirklich nicht lustig.

In unserem Ponyclub wird im Sommer und im Winter ausgeritten. Das Ausreiten wird eingeübt, durchgesprochen, durchgeübt und verändert.

Fang auf einer Reitwiese an. Lass das Tor offen und gewöhne dich, dein Pferd und deine Reiterfreunde daran, trotz des geöffneten Einganges im Kreis herum daran vorbeizureiten. Manchmal läuft ein Pferd oder ein Pony heraus, weil es einen anderen Weg in seiner Planung hat. Halte es an, drehe es herum und reite wieder auf diese Wiese. Ein erfolgreicher Trick für das Reiten auf der Reitwiese sieht so aus: Reite immer im Kreis herum, als wärst du in einer Reitbahn. Lass keinen Anfang und kein Ende sein. Lege diesen Kreis erst klein an im Schritt, Trab und Galopp. Vergrößere dann allmählich deine Wege. Lass andere Reiter um dich sein und eigene Wege reiten. Schließe dich einem Reiter an, der denselben Rhythmus reitet oder denselben Schwierigkeitsgrad oder dessen Pferd mit deinem Pferd befreundet ist.

Gib beim Ausritt deinem Pferd ein sicheres Gefühl und reite rhythmisch voran. Umreite eine Wegkreuzung, wenn du auf Nachzügler warten musst.

Reite überall über dein Gelände, auf dem Hofplatz, hinter den Scheunen. Lass Hunde umherspielen und Katzen. Wenn ein Hund dein Pferd stört, drehe um und reite auf den Hund energisch zu. Verjage ihn! Verzage nicht vor Autos und Miststreuern. Unsere Pferde sind in einer Kulturlandschaft geboren und kennen sich mit vielen Dingen aus. Heize nicht auf und ab oder hoch und runter mit deinem Pferd oder Pony. Das bringt es von den Hilfen weg. Es wird störrisch, müde und hitzig.

Wenn du die ersten 50 Mal deinen Hofplatz verlässt, solltest du nicht alleine sein, sondern mindestens zu zweit. Pferde sind Herdentiere und fühlen sich mit anderen wohler. Reitet vor dem Hoftor auf und ab.

Noch ein Tipp:

- Reite immer in der falschen Richtung am Hoftor weiter. Nicht dem Stalldrang des Pferdes nachgeben – immer daran vorbei. Das erfahrenere Pferd geht vor. Oder ihr reitet zu zweit nebeneinander.
- Bist du mit den Regeln des Fahrradfahrers vertraut? Dieselben Regeln gelten weitestgehend für den Reiter. Das Pferd ist ein Verkehrsteilnehmer wie ein Fahrrad oder Auto. Deswegen brauchst du auch nicht von der Straße zu springen, wenn irgendwelche Fahrzeuge sich nähern. Bleibe rechts am Straßenrand, grüße freundlich und gib deinem Pferd ein sicheres Gefühl. Nimm die Zügel auf, lege die Beine einschmiegsam an und reite dein Pferd rhythmisch voran. Verbreite Respekt und drohe deinem Pferd, wenn es vor einem albernen Auto oder Trecker mehr Angst hat als vor dir. Sprich ein klares „Nein, jetzt ist aber Schluss!“, nimm den Zügel kürzer und verhalte dich im Schenkel energisch treibend. Lass es deinen Willen spüren für Richtung und Rhythmus. Atme dabei weiter durch. Dann wird alles gut sein. Das Pferd muss spüren, dass du es sehr ernst meinst mit dem Gehorsam,

ohne dabei jähzornig zu werden. Es muss dir und deiner Sicherheit vertrauen können.

- Trabe dein Pferd, wenn es frisch und hüpferig ist. Der Trab beruhigt. Der Geländetrab wird extrem frisch nach vorne geritten.
- Mache auch Schrittpausen am hingegebenen Zügel. Sich ein paar Stunden lang überhaupt nicht strecken zu können, ermüdet das Pferd sehr.
- Reitet in einer Reihe hintereinander im Trab und Galopp. Dann entsteht nicht so leicht ein Wettbewerb im Rennfieber. Den Galopp gibt es in zwei Formen. Das ist einmal der Kanter, ein ganz ruhiger, versammelter, runder Schaukelpferdgalopp. Nach dem Geländetrab ist er leicht zu reiten, und es macht Spaß, sich dabei zu unterhalten. Oder reite den Jagdgalopp: energievoll zügig voran, möglichst über mehrere Kilometer. Lasst das Führpferd wechseln. Der Platz vorne schult das Pferd, ermüdet es jedoch auch eher. Es nimmt dort die Aufgaben eines Leitpferdes wahr. Haltet euch immer Kopf an Schweif dicht beieinander. Von Pferde, die gerne ausschlagen, müsst ihr mehr Abstand halten. Wenn einige Pferde einen längeren Schritt haben als andere, können sie an der Wegkreuzung auf die Nachzügler warten, während sie immer im Kreis herum Schritt reiten. Kreise beruhigen, stellen die Pferde an die Hilfen, und der Rhythmus der Bewegung bleibt erhalten. Bestimmt einen Rittführer. Dieser hat das alleinige Kommando und stellt sich auf den schwächsten Reiter ein. Bestimmt einen Reiter, der die letzten Reiter der Gruppe unterstützt, den so genannten Lumpensammler.
- Und wenn ein Stoppelfeld kommt oder ein abgeerntetes Maisfeld? Stell dir nicht vor, dass du auf einer Rennbahn bist. Stelle dir vor, du wärst in einer Reitbahn. Dann geht die Sause gut. Mit mehr Ausreiterfahrung kann man dann ab und zu ein Rennen reiten. Du wirst wissen, wann das so weit ist. Und dein Pferd weiß, wann der Spaß zu Ende ist. Den letzten Kilometer zum Stall zurück reitest du grundsätzlich nur Schritt. Das beruhigt Herztätigkeit und Atmung und prägt sich vor allen Dingen dem Pferd so ein.
- Auch zu Hause angekommen, reiten wir in unserem Ponyclub auf dem Hofplatz im Kreis herum, bis alle eingetroffen sind. So stellt sich nie der Eindruck ein, dass alle den Stall stürmen können, besonders zur Futterzeit. Absitzen, Belohnung für das Pferd, Umtrunk für den Reiter.

Übrigens gehen wir mit unseren Pferden auch zu Fuß spazieren und führen junge Reiter. Im Trab nehmen wir diese durchaus auch als Handpferd mit. Bei jedweder Zusammensetzung für das Ausreiten sind wir nicht abenteuerlustig, sondern da steht für uns die Sicherheit und der Erfolg an erster Stelle. Danach hängen wir wieder den Korb hoch – mieten Gastwiesen zum Reiten und besuchen Reiterstandorte zum Geländetraining. So kann Ausreiten weitestgehend sicher sein und richtig Spaß machen.

Wie bei Pippi Langstrumpf: Nicht den Fußboden berühren. Hier: Sascha mit Miss Mary

Spiel und Spaß mit Pferden

DAS UNMÖGLICHE WIRD MÖGLICH

Für das Pferd und für dich wird es ein Riesenspaß sein, euch vor Publikum zu zeigen. Die Kinder in meinem Ponyclub zeigen sich jedes Jahr ein paar Mal. Sie machen einen Schautag, reiten ein Ponymusical, gehen auf eine Reiterrallye oder sie nehmen an Geschicklichkeitswettbewerben teil. Was hält dich davon ab, das auch zu tun?

Hast du Prüfungsangst? Ist es dir unangenehm zu verlieren oder zu versagen? Dann suche dir eine fröhliche Veranstaltung, bei der es keinen Sieger gibt. Das wäre zum Beispiel ein Schautag oder eine Rolle in unserem Ponymusical. Dabei zählt nur der Gesamteindruck, das Gesamtbild wirkt. Oder du folgst in deiner Einstellung dem klassischen olympischen Gedanken: „Dabei sein ist alles!“ Dann ist es nicht mehr so wichtig, ob du gewinnst oder verlierst. Es steht fest, dass das Üben auf ein Ziel hin dich reiterlich weiterbringt. Es ist außerdem sonnenklar, dass Pferde sehr gerne ab und zu etwas Spannendes beim Reiten erleben wollen. Unsere kleine Eselstute ist bei der Generalprobe zum Ponymusical einmal 20 Minuten bockend umhergerast und hat dabei laut Iih-Aah geschrien. Wir hatten sie nämlich aus der Probe herausgenommen, weil sie einen so müden Ein-

Die Rallyeaufgabe gilt auch zurück auf den Pferderücken. Hier: Karen mit Mäxchen

druck machte. Da hat sie gedacht, das ganze aufregende Ereignis sollte ohne sie stattfinden. Alle Kinder und ich saßen auf den Pferden und haben Tränen gelacht. Auch unser Hund Tim machte immer mit, wenn die Proben für einen Schautag stattfanden. „Dabei sein ist alles!"

Um Prüfungsangst zu bewältigen, gibt es ein paar Tricks:

- Woanders zu reiten ist immer schwieriger als zu Hause im vertrauten Gebiet. Wähle also deine leichteste Übung aus, die du dann vorstellst. Fühle den Boden mit deinen Füßen, damit du Stand hast. Atme tief durch – beim Einatmen und sogar beim Ausatmen in den unteren Bauch hinein und in den unteren Rücken.
- Ändere deine Leitgedanken. Denke: „Wie schön ist es, dabei zu sein! Mein Pferd hat auch eine solche Freude." Der Gedanke daran, dass alles schief geht, beschwört Missgeschicke herauf. Steck die Erwartungen nicht zu hoch und reite einfache Übungen. Sage dir selbst: Ich kann traben, ich kann galoppieren – was soll schon passieren!

Die Reiterrallye

Die Rallye mit Pferden kann in Mannschaften zu zweit und zu dritt geritten werden. Die einfache Form einer Veranstaltung findet immer innerhalb einer Stallgemeinschaft statt. Wenn ihr also 20 Reiter seid, dann kann es schon losgehen. Um an einer Rallye in anderen Vereinen teilzunehmen, solltest du mindestens zwölf Jahre alt und mit deinem Pferd gut vertraut sein.

Bei unseren Rallyes bekommen jeweils die Einzelreiter Punkte. Beim Auslassen der Übung null Punkte, beim Überwinden mit dem geführten Pferd zehn Punkte und beim alleinigen Durchreiten der Aufgabe 20 Punkte. Manche Aufgaben sind von vornherein so schwer, dass sie mit 40 Punkten bewertet werden können.

Eine Aufgabe kann zum Beispiel so aussehen:

- Reite durch ein Gruselzelt. Bei alleinigem Durchreiten 40 Punkte, beim Durchführen 20 Punkte (danach darfst du noch einmal durchreiten), beim Auslassen des Gruselzelts keinen Punkt. Als Gruselzelt dient uns ein großer Gartenpavillon. Der wurde mit Plastikboden ausgelegt und ringsherum zugehängt mit Plastikbahnen, Flatterbändern und aufgespannten Regenschirmen. Als Gruseleffekte dienen uns ein Skelett und allerhand Halloween-Ausstattungen. Drinnen spielt laut ein Radio. Es ist aber auch ein Tisch aufgebaut mit allerhand Leckereien für das Pferd und für den Reiter, an denen man sich in Ruhe bedienen kann. Alle Zuschauer und Reiter sind von unserem Gruselzelt immer sehr beeindruckt. Eselchen Maja, einen Meter hoch, zuckelt mit Reiterin Karen unbeeindruckt und cool hinein und zum Möhrenteller hin (40 Punkte). Aber auch die schreckhafte Tennessee Walking Horse-Stute Gold Dashing Daylight hat sich vorgenommen, das Zelt auf Anhieb zu bewältigen. Und wenn dir auch das Durchführen des Pferdes zu riskant erscheint, dann lass diese 20 oder 40 Punkte einfach aus und hole sie dir woanders.
- Eine weitere wunderbare Rallyeaufgabe ist das Klettern auf einen Strohberg vom Pferd aus: Die Aufgabe lautet wie bei dem Spiel von Pippi Langstrumpf, „Nicht den Fußboden berühren." Auf das kleine Pony stellst du dich, und vom großen Pferd aus kletterst du herüber. Dann oben Seifenblasen pusten oder eingepackte Schokolade mit Handschuhen, Schal, Mütze, Messer und Gabel auspacken und essen. Zurück auf das Pferd, ohne den Fußboden zu berühren. Wird das Pferd gehalten: zehn Punkte; dirigierst du das Pferd selber: 20 Punkte. Wer auf den Boden gerutscht ist, bekommt keinen Punkt.
- Noch eine schwere Aufgabe: Überwinde einen kleinen Sprung (20 Punkte) oder einen großen Sprung (40 Punkte). Wenn du nicht gerne springst, kannst du eine Alternative wählen: Durchreite stattdessen ein Kinderplantschbecken, das mit Wasser gefüllt ist (40 Punkte). Jetzt brauchst du nicht zu springen, kannst jedoch eine schwierige reiterliche Aufgabe bewältigen. Oder du gehst zu Fuß, führst das Pony (20 Punkte).

Es gibt in unseren Rallyes nur zwei Stationen mit reiterlichen Fragen, zum Beispiel: Darf man sich am Zügel festhalten? Oder: Wie geht man mit einem schweißnassen Pferd im Winter um? Alles andere ist Aktion!

Noch einige Beispiele:

- Reite einen Slalom um zehn Autoreifen, die in einer Reihe liegen (20 Punkte geritten, zehn Punkte geführt, 0 Punkte Reifen ausgelassen)
- Galoppiere freihändig mit auf dem Hals liegenden Zügeln 20 Meter (zehn Punkte) oder 120 Meter; das ist einmal um die Reitbahn herum (20 Punkte)

Beim Musikreiten könnt ihr alle Hufschlagfiguren nebeneinander oder spiegelverkehrt gegeneinander reiten.

Viele Aufgaben kannst du dir noch ausdenken, die deine Reitergruppe bewältigen kann. Bei den Preisen ist es wie beim Julklapp. Jeder bringt etwas im Wert von zum Beispiel acht Euro mit. Dadurch bekommt jeder zum Schluss einen Preis. Wir lassen die Rallyes übrigens auf unseren Weiden stattfinden. Man bekommt keinen Ärger mit Förstern und Autofahrern und es ist sehr zuschauerfreundlich. Anschließend gibt es Kuchen oder es wird gegrillt.

Musikreiten

Das Reiten nach Musik mit Figuren und Formationen hat etwas Soldatisches oder das Flair einer Musikkapelle – und ist doch wunderschön. Alle sind gleich angezogen, das ist ganz wichtig. Das ergibt einen wunderschönen Gesamteindruck. Zum Beispiel tragen alle einen roten Pullover oder einen grünen Pullover. Die Pferde tragen rote oder grüne Bandagen und rote und grüne Bänder in der eingeflochtenen Mähne. Tut euch zu zweit zusammen, zu viert oder sogar zu noch mehr Reitern und Pferden. Wählt eine schöne Musik aus, zum Beispiel Rondo Veneziano, Mozart oder ein anderes modern-klassisches Stück, das etwa fünf Minuten lang ist. Mit kleineren Kindern und geführten Pferden reiten wir die ganze Formation gutgelaunt im Schritt. Wenn ihr etwas mehr in Übung seid, marschiert ihr aus dem Schritt vor dem

Publikum auf – und grüßt mit reiterlichem Nicken. Dann reitet ihr die meiste Zeit einen flotten Trab bis zur Abschlussaufstellung. Vorsicht mit dem Galopp. Galoppieren in der Formation ist nicht das Einfachste.

Die Figuren, die ihr reitet, könnt ihr im Alltag schon üben. Wenn du immer Abteilung reitest, ist es eine gute Auflockerung und Einübung, dich vom angestammten Platz zu trennen. Wenn du immer eher freie Wege durcheinander reitest, ist es eine gute Übung, sich Steigbügel an Steigbügel im miteinander abgestimmten Tempo einzuordnen. Steigbügel an Steigbügel ist wichtig beim Formationsreiten und die immer gleichen Abstände oder der

Kopf am Schweif des Vorderpferdes. Luftlöcher sehen im Gesamtbild nicht gut aus.

Ihr könnt euch eure Formation am besten merken, wenn ihr euch die Figuren selber ausdenkt. Zusätzlich bestimme ich einen Reiter, der die Ansage macht, gewissermaßen als Dirigent oder als Notnagel. Ihr könnt alle Hufschlagfiguren reiten – nebeneinander oder spiegelverkehrt gegeneinander. Ihr könnt durch die Mittellinie reiten und einer reitet eine Volte nach rechts, während der Zweite eine Volte nach links reitet, alle Paare gleichzeitig. In der Mitte trefft ihr euch wieder und reitet weiter. Das sieht toll aus. Ihr könnt auch den Hintermann immer vor dem Vordermann einfädeln lassen. Auch sehr hübsch.

Nur Mut: ausdenken, ausprobieren. Nicht zu kompliziert werden in den Figuren und ruhig jede Figur dreimal vorkommen lassen. Das Auge des Betrachters kann das so schnell nicht erkennen. Ladet eure Zuschauer ein. Mütter zum Muttertag, Omas zum Omatag und so weiter. Ladet viele Zuschauer ein, die allerdings nett sein und auch Lust haben sollten. Viele Turniere, Aktionen und Pferdemessen werden durch Quadrillen bereichert. Das kannst du mit deinen Reiterfreunden auch.

Geschicklichkeitswettbewerbe

Sie machen einen Riesenspaß. Und sie sind ganz einfach zu organisieren und umzusetzen. Einige könnt ihr zum Schluss einer Reitstunde als Spaßfaktor hinten anhängen. Und ihr könnt einen speziellen Reitertag nur für Wettbewerbe organisieren. Sicher ist: eure Pferde haben daran ebenfalls Spaß. Wichtig ist, dass ihr euch nicht zu viel Stress macht. Dass ihr nur Spiele auswählt, bei denen ihr selber euch nicht zu nervös fühlt. Überprüft, ob euer Pferd auch Freude an den Spielen hat. Durch guten Reitunterricht sind eure Reflexe und die eurer Pferde gut geschult. So werden die Pferde durch eure Spielfreude nicht unnötig belastet.

Fangt mit ganz einfachen Wettbewerben an. Spielen gehört zum Leben. Dadurch wird man geschickt, reif und erwachsen. Das Spielen mit Pferden gehört zum Reiterleben. Der Umgang mit dem Pferd wird dadurch heiter und natürlich.

Einfache Spiele:

Stellt zwei Mannschaften auf, wie bei einem Staffellauf. Geht dafür an eine kurze Seite der Reitbahn. Einer führt das Pferd und einer sitzt oben. So fangt ihr an. Auf die Plätze, fertig, los! Im Schritt hin, im Schritt zurück, abschlagen oder einen Stafettenstab weiterreichen. Der nächste Reiter reitet los: Im Schritt hin, im Schritt zurück. Geführtes Reiten geht auch noch im Trab. Also: Schritt hin, Trab zurück oder Schritt hin und so schnell wie möglich zurück; ohne Reiterwechsel oder mit Reiterwechsel. So ist es sicher, lustig und machbar.

Schwieriges Wettreiten – hier werden euch Aufgaben vorgegeben, zum Beispiel:

- Eierreiten: Das geht wie Eierlaufen: Der Reiter hält einen Löffel mit einem Ei oder einer Kartoffel darauf, die nicht herunterfallen darf.
- Wasserschöpfen: Der Reiter schöpft einen Pappbecher voll Wasser und bringt ihn reitend, möglichst schnell und gut gefüllt zum Ziel zurück.
- Sackhüpfen: Jetzt ist der dran, der das Pferd führt. Spring in einen Sack und hüpfe im Sack

„Fischer, wie tief ist das Wasser?"
„300 Meter tief!"
„Wie kommen wir darüber?"
„Alle machen eine Fahne!"
„Alle sitzen verkehrt herum."

zum Ziel zurück. Wenn du hinfällst, verlierst du Zeit. Wenn du das Pferd loslässt, verlierst du Zeit.

- Ein wunderbares Reiterspiel ist die Reise nach Jerusalem. Kennt ihr das Spiel von Kindergeburtstagen? Zu Pferde wird es so gespielt: Die Reitbahn wird mit einem Außenring aus Bauhütchen oder Eimern markiert. In der Bahnmitte liegen in einer Reihe etwa vier Meter auseinander gelegt genau so viele Säcke, dass einer für einen Reiter fehlt. Also einer zu wenig. Ein Kassettenrecorder oder ein Autoradio steht bereit. Der Spielleiter lässt Musik laufen. Alle Reiter traben um den Außenring. Die Musik ist plötzlich aus! Stille – alle Reiter sausen mit ihrem Pferd in die Bahnmitte und springen ab auf den Sack – schnell hinsetzen! Ein Sack ist zu wenig und so scheidet ein Reiter aus. Es wird ein Sack weggenommen, die Reiter gehen wieder auf den Außenring – die Musik spielt.
- „Fischer, Fischer, wie tief ist das Wasser?", so rufen die Reiter auf der einen Seite der Bahn. „40 Meter tief" ruft der Sprecher auf der anderen Seite. „Wie kommen wir darüber?", wieder alle Reiter zusammen. Und jetzt geht es los. Denkt euch alles aus, was machbar ist und dennoch schwierig. „Reitet stehend auf euren Pferden!" oder „Setzt euch seitlich hin!" oder „Setzt euch verkehrt herum hin!" oder „Mit geschlossenen Augen!" oder „Ohne Sattel und Trense!" oder ... Denkt es euch selbst aus! Sieger ist, wer zuerst beim Sprecher angekommen ist. Dieses Spiel ist ruhig und langsam, dabei schwierig, geschicklichkeitsorientiert und gescheit. So ziemlich mein Lieblingsspiel.

Das sensorische Spiel

Und jetzt kommt der Beitrag meiner Freundin Anne, ein wunderbares sensorisches Spiel, das bedeutet, dass dein Tastsinn besonders gefordert wird. Dieses Spiel kannst du auf der Stallgasse spielen. Lass dir die Augen mit einem Tuch zubinden. Die anderen führen ein Pferd oder ein Pony herein und du versuchst, mit deinen Händen herauszufinden, um welches Pferd es sich handelt. Ihr müsst darauf achten, dass du das Pferd nicht schon vorher am Klang der Hufe erkennst. Eines hat kurze Ohren und einen Unterhals. Ein anderes einen sehr dicken Bauch und einen kleinen Widerrist. Das

Im Ponymusical gibt es die wilden Reiter wie Drachen und Höllenfürsten ...
... und es gibt die stillen Reiter, das sind dann die Guten.

dritte einen kurzen Schopf und trotzdem ein flauschiges Fell. Wie viele Pferde du wohl mit verbundenen Augen erkennen kannst? Und die anderen?

Es gibt unzählige Möglichkeiten, mit Pferden zu spielen. Denke immer daran, dass dein höchstes Ziel dabei die Freude ist und erst dein nächstes Ziel – der Sieg.

Das Ponymusical

Die Krone unserer Schautage sind unsere Ponymusicals. Andere nennen es Pferdemärchen oder Ponytheater. Hier wird eine Geschichte zu Pferde aufgeführt. Die Pferde sind geschmückt oder bekommen sogar Kostüme geschneidert. Die Reiter haben Kostümrollen und wir suchen monatelang wunderbare instrumentale Musik aus, zum Beispiel Filmmelodien oder Ausschnitte aus modernen klassischen Stücken. Dann melden sich mutige Sänger (durchs Mikrophon mit Hintergrundmusik) und Instrumentenspieler.

Wie fängt das an? Jeder möchte eine Rolle spielen, die er im Kino gesehen hat oder für die er mit seinem Pferd gut verkleidet werden könnte. Zum Beispiel wird Ann-Kathrin in unserem nächsten Musical über den Zauberer von Oz den Löwen spielen. Gold Dashing Daylight, ihr goldenes Palominopferd, lässt sich nun einmal prächtig als Löwe verkleiden und Ann-Kathrin ist fleißig. Das muss man zum Herbeiorganisieren eines Löwenkostüms nämlich sein.

Dann gibt es die wilden und die stillen Reiter. Die wilden Reiter reiten meistens etwas besser, da sie dramatisch und gefahrvoll auftreten. Gebraucht

Am Ende von Ponymusical wird immer ein festlicher Abschluss geritten: hier eine Handpferdequadrille nach Musik.

werden alle, um die Zuschauer zu fesseln. Ich nenne euch Beispiele:

Hades und die Wildgänse: Hades, Herrscher der Unterwelt, raubt mit seinem Freund Herkules die kleine Fantasieprinzessin Fantaghiro (Lale will immer gerne als Prinzessin reiten) und ihre Wildgänse. Damals lief der wunderbare Kinofilm „Amy und die Wildgänse". Amy, das kleine natürliche Mädchen aus dem Film, holt ihre Freundinnen, die kämpferischen Reiterinnen Xena und Fantaghiro zu Hilfe, um die Wildgänse zu befreien. Es gibt einen König auf einem als Schloss verkleideten Pferd und einen Wildgansbotschafter, der alle Wildgans-Shettys gleichzeitig als Handpferde nimmt.

90 Minuten Musik werden ergänzt mit Live-Gesang und instrumentalem Spiel. Geritten wird durch künstliche erzeugten Nebel oder wir springen über Fackeln – das sind die Bösen. Quadrillen und Tanzstück mit Tänzerin und Reiter – sicher die Guten. Ein Sprecher führt durch die meistens etwas herbeigeangelte Geschichte. Dies ist dennoch nicht unwirklicher als „Harry Potter" oder „Fünf Freunde auf der Felseninsel". Ach ja – und am Anfang schlüpfen alle Wildgänse aus riesigen Kartons, die ein Ei darstellen, und singen, und am Ende gibt es meistens eine Aussöhnung der Guten mit den Bösen und es wird ein festlicher Abschluss geritten. Die Pferde lieben diese Geschichten, die Teilnehmer und die Zuschauer. Sie sind nämlich ein Ohren- und ein Augenschmaus. Ihr könnt über Sprünge reiten, verkehrt herum auf dem Pferd sitzen oder zu Fuß durch die Szenerie laufen. Wenn ihr die Geschichte kennt, tragt ihr im Spiel bei.

Vielleicht reitet ihr zuerst einmal eine Geschichte nach, die ihr schon gut kennt, zum Beispiel die „Brüder Löwenherz" oder „Schneewittchen und die sieben Zwerge".

Ein Ponymusical hält euch monatelang beschäf-

Ich freue mich, wenn das Nachlesen dieses Buches dir und deinem Pferd weiterhilft.

tigt. Musik herbeischaffen, Rollen und Kostüme ausdenken, Lieder finden und die Geschichte aushecken. Dann will alles mit reiterlichen Inhalten und anschaulichen Bildern gefüllt werden, mit einer Voltigiernummer, Quadrillen, Geschicklichkeitsaufgaben und Handpferdereiten. Vielleicht kann einer eine Zirkuslektion und ein anderer einen guten Sprung zeigen. Sucht euch gute Mikrophone und singt schöne Lieder, vielleicht sogar mit eigenen Texten. Sucht euch einen guten Sprecher, der mit schöner Stimme den Inhalt der Story vorträgt. Wir teilen auch an die Zuschauer Zettel mit den Inhalten und den Teilnehmern aus. Ach, und übrigens – einüben tun wir das Ganze wenig und in Ausschnitten. Es gibt eine Generalprobe und dann kommen die Aufführungen. So halten wir uns frisch und lustig und lassen uns den Spaß nicht mit Perfektionsdenken verderben.

Und das ist auch mein Schlussgedanke für dich: Wähle dein Pferd wie einen Freund. Strebe nach Lernfortschritt – jedoch nicht nach Perfektion. Du könntest immer ein bisschen mehr wollen. Mehr Gleichgewicht, mehr Freude, mehr Kenntnis über dein Pferd. Setze diese Kenntnis um in Kontakt, Kommunikation und Freundschaft. Reite abwechslungsreich und nicht verbittert und feindselig. Sei lieb mit deinem Pferd, aber auch streng und klar. Es will mit dir gemeinsam Spaß haben und etwas von dir lernen. Es gibt dir seinen tollen Körper zurück, damit du dich besser fortbewegen kannst. Und es kennt dich von innen wie nur wenige Menschen. Wenn es dich mag, hast du ein riesiges Geschenk gewonnen.

Und ich freue mich, wenn das Nacharbeiten dieses Buches dir dabei hilft!

Marie-Luise von der Sode
Internationales Institut für Feldenkrais und Reiten
Ziegeleistr. 7 · 23881 Anker
Tel. 04543-891002 · Fax 04543-891004
www.feldenkraisundreiten.de

Begriffe aus der Feldenkrais-Arbeit

Atem/Atemenergie:
Der Atem ist der Strom des Lebens. Er passt sich jeder Regung und Situation an, in der wir uns befinden. Und meistens ganz unbewusst, also ohne dass wir es steuern. Aber genau das können wir und damit können wir auch die Situation verändern. Deswegen ist es so wichtig, dass du dir immer deines Atems bewusst bist und immer wieder überprüfst, ob du den Atem, der für die Situation passt, zulassen kannst.

Balance:
Durch die Schwerkraft fällt alles auf der Erde nach unten. Und es gibt sogar in uns Menschen Körperteile, die wie Bausteine so aufeinandergetürmt sind, dass wir aufpassen müssen, dass sie nicht nach unten fallen: der Kopf, die Schultern, die Wirbelsäule oder die Arme, wenn wir sie hochheben wollen. Dieses Bemühen, alles mit Leichtigkeit und mit wenig Körperspannung übereinander zu halten, ohne dass es auf die Erde fällt und wir dadurch umfallen, das nennt man Balance – oder auch Gleichgewicht. Dasselbe gilt für das Pferd.

Bequem:
Atem, Balance und Grundspannung des Körpers passen zu dem, was du vorhast. Wenn du gemütlich Fernsehen willst, kannst du dich gerne mit krummem Rücken schief und lasch in den Sessel lümmeln. Beim Trab würdest du so deine Wirbelsäule und das Pferd belasten, denn da brauchst du eine andere Grundspannung und Balance in deinem Körper. Bequem meint, dass du dich der Situation angemessen anspannst.

Berührungssicher:
Das bedeutet die Abstufung, wie gerne sich Pferde und Menschen anfassen, berühren lassen. Es gibt die normale Belastbarkeit, bei der man die Berührung als angenehm empfindet. Bei der Über-Sensibilität kann es so weit kommen, dass man gar keine Berührung will und ertragen kann. Dann gibt es die Introvertiertheit auf Berührungen, bei der der Körper keine mittleren oder sanften Reize und Reaktionen mehr aufnehmen kann. Beim Reiten ist es natürlich am schönsten, wenn sich das Pferd gerne berühren lässt, weil man so am besten einwirken kann.

Bewusstheit:
Das ist das, wenn du dich in deinen Körperreaktionen mit allen Möglichkeiten und auch Einschränkungen kennst und es als Tatsache hinnimmst: Es weder schlecht noch supertoll findest. Doch meistens empfinden wir so, wie andere uns sagen, dass wir uns fühlen sollen. Und oft wird das auch noch von den anderen bewertet. Das trifft für dich genauso zu wie für dein Pferd. Und es ist außerordentlich wichtig, dass du dein eigenes Bild von dir herausfindest.

Erden:
Die Erdoberfläche trägt uns sicher und zuverlässig. Wenn du dich selbst erdest, dann heißt das, dass du die Körperteile, die die Erde berühren (Fußsohlen, Po, Rücken) innerlich fest auf die Erdoberfläche stellst, sodass du dich sicher fühlst und mit der Erde, dem Erdmittelpunkt verbunden. Sattel, Steigbügel, Stuhl sind dann praktisch der hochgehobene Boden.

Grundspannung/Körperspannung:
Wir brauchen, um überhaupt stehen oder sitzen zu können, eine ganz bestimmte Anspannung ganz bestimmter Muskeln. Bei einer Grundspannung arbeiten nur die Muskeln, die auch wirklich dafür nötig sind, und keine sonst. Bei einer Überspannung arbeiten diese Muskeln zu viel. Bei einer Fehlspannung machen andere Muskeln mit, die gar nicht nötig wären. Und bei einer Unterspannung sind nicht genügend Muskeln dabei oder diejenigen, welche dabei sind, zu faul.

Intervalltraining:
Für Feldenkrais ist die Pause ganz wichtig, damit du deine Aufmerksamkeit neu einrichten und dich in ihr erholen kannst. Außerdem kannst du in einer Pause überprüfen, ob das, was du davor gemacht hast, richtig und gut war oder ob du es verändern musst. Deswegen ist es so wichtig, immer wieder Pausen in der Arbeit zu machen – also in Intervallen zu arbeiten: Pause – Arbeit – Pause – Arbeit.

Konzentration:
Viele verstehen unter Konzentration nur, dass du deine Gedanken auf eine Sache richtest, ohne dich ablenken zu lassen. Aber hier meint es, dass sich alle Körperteile auf die Aufgabe, das Vorhaben konzentrieren, das du mit ihnen vorhast.

Losgelassenheit:
Oft verkrampfen wir ganz unbewusst, ohne dass wir es merken, einige Körperteile, weil wir aufgeregt sind, Angst haben oder aus anderen Gründen. Das kostet den Körper und uns aber Kraft, strengt an. Losgelassenheit ist eine Entspannung aller Körperteile – bis hin zur Tiefenentspannung. Und sie ist die Voraussetzung für gute Leistung.

Lotrecht:
Ein Lot ist ein Gewicht an einem Band, das durch die Schwerkraft der Erde zur Erdoberfläche fällt. Lotrecht heißt, dass etwas senkrecht nach unten Richtung Erde fällt.

Raumwahrnehmung:
Das bedeutet, dass du den Raum, die Umgebung um dich herum so wahrnimmst, wie sie tatsächlich sind. Dass du weißt, wo oben, unten, innen und außen, hinten und vorne sind, und dass dein Körper das vor allen Dingen spürt, weiß, wo er sich dabei befindet.

Reflex:
Das ist die Muskelreaktion, die auf eine Berührung folgt. Das kann eine echte Berührung, aber auch nur ein Wort sein, eben ein Reiz, der eine ganz plötzliche und spontane Aktion der Muskeln auslöst.

Rhythmus:
Jede Bewegung, Geräusche, Musik hat einen bestimmten Rhythmus, ein gleichmäßiges Tempo, in dem es sich gut und richtig anfühlt, anhört oder aussieht.

Schwerlinie:
Das ist die senkrechte Linie vom Schwerpunkt zum Boden – mitten zwischen deine Füße beim Stehen.

Schwerpunkt:
Er liegt in der Mitte des Körpers (in der Bauch- und Beckenregion). Dort kontrollieren wir praktisch die Richtung, das Tempo und die Erdung. Von diesem Schwerpunkt gehen alle weiterführenden Bewegungen aus, finden ihren Anfang.

Taktrein/Timing:
Die Begriffe gehören zum „Rhythmus" dazu. Wenn der stimmt, dann ist er taktrein. Man sagt auch, das das Timing (englisch „Zeit") stimmt, wenn man den richtigen Bewegungsfluss gefunden hat, in dem man eine Bewegung jederzeit gut ausführen kann.

Visualisieren:
Unsere Gedanken laufen in Bildern in unserem Kopf ab. Wenn wir etwas Bestimmtes tun wollen, dann können wir das bereits in unserem Kopf wie einen Film ablaufen lassen. Damit erleichtern wir es unserem Körper, es dann auch auszuführen.

Willenskraft:
Innere Kraft:
Es gibt einmal die Muskelkraft, mit der wir Dinge körperlich bewegen können. Muskeln reagieren aber nicht aus eigenen Ideen. Sie bekommen den „Impuls" – also den Befehl – sich zu bewegen vom Kopf, also von deinem Willen. Das ist Willenskraft. Sie bringt Menschen dazu, wahnsinnige Muskelkraft zu entwickeln, wenn Gefahr droht.
Die innere Kraft entsteht nicht im Kopf, sondern im Bauch – da wo fast alle deine Gefühle „wohnen": die Angst, aber auch die Freude und das Glück. Die innere Kraft durchströmt deinen ganzen Körper, manchmal stark, manchmal aber auch nur ganz leise. Sie hat eine Richtung. Du kannst ihr Raum geben, indem du dich mit dem Atem erdest und deinen Körper aufrichtest (relative Aufrichtung).